U0055429

奧修・奧義書（下）

Osho Upanishad Vol.3

奧修 OSHO 著

李奕廷 Vivek 譯

譯者序

在本書中，提到了兩個極為重要的、歷史性的、將會被記住的事件：奧修和佛陀的會合——彌勒佛的到來，一個新時代的開始；其次，對於尋求真理的人而言，成道不再是最終的，人類的歷史上首次有人超越了成道。

「這個突破有很多重要的暗示。

過去對成道的概念不是完整的。它只是一部份，因為全世界的宗教都強調男人要放棄女人、世界和所有感官的享受。他必須變成一個禁慾者——事實上，他必須成為一個折磨自己的人，因為讓男人離開女人是折磨的開始。

男人和女人是整體的一部份；他們不是對立的，他們是互補的。

我強調的是：不需要任何放棄或自我折磨、不需要為自己創造一個痛苦悲慘的生命。新人類必須創造正確的氛圍，男人和女人會是朋友和旅伴，使彼此完整。旅程必須是喜悅的，必須變成一首歌、一支舞。

在過去，人們必須尋求成道。但如果小孩是透過處於全然的和諧和愛的伴侶生下來

的，他會生下來就是成道的。不可能是別的。成道會是他的開始；他會從一開始就尋求超越成道。他會尋找新的空間、新的天空。」

二二一頁

男人和女人透過愛而結合，也透過愛而超越。因此愛是生命和死亡之間最重要的事件。如果沒有愛，他們的經驗會是不完整的，旅程是乏味的、單調的。但是我們非常害怕去愛，因為我們的心沒有在運作，我們依賴頭腦來生活。因此人變成分裂的，心想要愛，但頭腦會持續用各種方式避開。社會用各種制約、偏見、習慣填塞到頭腦裡，訓練頭腦，使頭腦越來越強大，但它不在乎心，心會是個妨礙，以致於心一直沒有被使用，因此愛是困難的，慈悲像是遙遠的回音。只有偶爾在半夢半醒間，頭腦暫時失去了對你的控制，你才會瞥見到心的存在。我們需要持續努力、更多的努力，讓心再次運作，讓自己成為頭腦的主人。

「你的內在是空虛的、無意義的、無價值的。儘管你的頭部在抗拒，你仍走向一個吸引你的心的存在。

如果你是勇敢的，就聽從你的心；如果你是個懦夫，就聽從你的頭部。

但沒有懦夫可以進入天堂。天堂的門只為勇敢的人開啟。」

三零三頁

目錄

第三十一章
世界上最偉大的實相

奧修，在其它人之後，擁有一對明亮眼睛的人來到這兒和你在一起，這是否是你首次被如你所是的愛你的人包圍著？無論你是什麼樣的人——而不是尋找任何假道學的聖人。

愛的方式是沒有任何期待的方式。只有當你全然的接受，沒有想要改變任何事時，愛才會存在。

一旦你想到對方應該如何：無論對方是你的愛人、愛你的人、小孩、師父、弟子：都沒差別。重要的是如對方所是的全然的接受對方。不是忍耐——那是醜陋的字。在忍耐中會有無法忍耐。感覺似乎是你的意願被違反了，而你在控制它：那不是充滿愛的接受，而是沒有愛的忍耐。

確實，我經歷了很長的一段旅程才找到那些如我所是的了解我、接受我和愛我的人。我從未要求任何人成為某個不是他所是的人。但數千年來，所有宗教都活在夢魘中，所有宗教都處於一個很奇怪的情況。弟子要求師父應該怎樣，師父要求弟子應該怎樣。師父的立場是可以理解的：你去找他是為了被轉變；如果他要你遵守某些規定是可以理解的。但無法理解的是，弟子和跟隨者也在要求師父應該如何。更奇妙的是，師父一直在滿足那些跟隨者的慾望。領導者變成跟隨者的跟隨者。為了維持師父支配一切的狀態，他們妥協了；雙方都退讓了：「我會滿足你們的要求，你們也滿足我的要求。」這已經持續了數千年。

一個真正的師父，真誠的師父，一個知道的人，不會接受任何不知道的人的要求。他無法滿足你的慾望，無法滿足你認為師父應該如何的概念。但你們所謂的師父一直在這麼做。如果你想要他們赤裸，他們就會赤裸；如果你想要他們禁食，他們就禁食；如果你想要他們做某些瑜珈練習，他們就會做。為了掌握權力、支配你、命令你，無論你想要什麼，他們都會照做。

當然，弟子會是輸家，因為這些人想辦法滿足了跟隨者的要求；但跟隨者無法滿足師父的要求，所以他們被當成罪人來譴責。所有的宗教只是在人類的頭腦中創造了罪惡感、很深的自卑感、失敗感、對自己的恨、恨自己的缺陷和脆弱，沒別的了。他們摧毀了人們的自尊。沒有比這更大的罪了，因為一旦失去了自尊，人就失去了靈魂；失去了人性，變成低於人類的存在。

這是很奇怪的夢魘，造成全人類很大的痛苦。少數狡猾的人——沒智慧卻又固執的人，愚蠢又堅持己見的人——做了各種不合理的事，因為別人做不到，這使他們成了偉大的聖人。

我認識一個人：甘地稱讚他是偉大的聖人，他做的只是六個月內只吃聖牛的糞便和喝聖牛的尿。六個月都沒吃其它東西和喝其它東西。

我很困惑：當然他是瘋狂的，需要心理治療。他是個博學的學者，一個教授；他的名字是班薩利。甘地說他是偉大的聖人。他曾在甘地的修行所待過。這有什麼神聖的？——除了他是個笨蛋之外。但在印度，牛糞是很神聖的。整個印度的歷史中，班薩利教授是獨一無二的；沒有其它聖人比得上。

印度教的聖人在特定的聖日會吃點牛糞和牛尿。他們稱為帕契參立特，意思是五甘露，都來自於牛：牛糞、牛尿、牛奶、凝乳、奶油。他們把這些東西混在一起，然後它變成神聖的，變成甘露。他們會飲用它。一萬年來，他們一直在食用帕契參立特。

但沒人可以打敗班薩利教授。

那些一直在這麼做的人自然會接受他是個偉大的聖人——獨一無二的、空前未有的、史無前例的。即使甘地的修行所裡面也沒人可以做到，所以他們都在膜拜他。他變成一個眾人跟隨和聽從的偉大師父。

你能看出吃牛糞、喝牛尿和當一個師父，建議人們如何達成自己的關聯嗎？但沒人質疑，因為提出來等於不只是反對班薩利教授，也反對了全印度的頭腦。

一萬年來，印度人的頭腦已經被制約成把這種人當成聖人。

現在班薩利將可以控制你們，說你們都是罪人、不道德的、不虔誠的、重物欲的、無靈性的。

當我和他見面時，他幾乎快死了。那時候他是個老人，事實上，他在我們見面後三到四天就死了。

我對他說：「停止這些無意義的行為。你做的只是吃六個月的牛糞。那不會讓你有任何權威——而你有一群人跟隨你，你應該感到羞愧。你先是做了一件愚蠢的事——這些人沒有這麼蠢，所以他們做不到。現在他們只有兩個選擇：跟你一樣愚蠢，或者當個罪人。似乎當一個罪人會勝過吃六個月的牛糞後成為聖人。地獄是遙遠的，誰知道它是否存在？但吃六個月的牛糞如同此時此地活在地獄中。除了這個，你有什麼心靈上的特質？」

他說：「奇怪。即使甘地也沒問過我這個問題。」

我說：「那是因為他知道他無法吃六個月的牛糞，他比你稍微有智慧。他把你稱為聖人，但那不會使你成為聖人。」

人們一直根據自己的制約要求別人，師父應該如何：他應該吃什麼、穿什麼、說什麼、應該如何說話。一切都由跟隨者控制，而跟隨者被師父控制——一個奴役彼此的安排，同時有一個美麗的感覺，以為自己走在心靈之路上。

我必須為自己的方式持續對抗，因為人們開始聚集在我身邊，他們會立刻產生期待。如果我拒絕他們，我就不是聖人；他們就消失了。如果我接受他們的想法，他們就會成為我一輩子的奴隸⋯⋯奇怪的想法，這和心靈成長完全無關。

我曾和某家人住一起。有個老人，快九十歲⋯⋯他是讓我借住的女人的父親。一個棄世者，一個隱士。他住在郊外。三十年來，從未來看過他的女兒，但聽到我住在這兒，他過來見我，因為他被我的某本書影響很深。他極力稱讚我：「如果我能決定，我會對全世界說：這是個知道的人。應該聽從他、跟隨他。」

我說：「你不了解我；你只看過一本書。不要想的太美好，等到知道真相後，你會很痛苦。」

他是個耆那教徒。他的女兒要我準備去洗澡，因為我的晚餐準備好了。在耆那教的家庭中，晚餐必須在日落前結束。

我說：「今天可以例外。妳的九十歲父親，走了好幾哩路來見我，和我講話。似乎不太人性：我可以晚點吃，不用擔心。」

老人聽到了。他說：「你說晚點吃是什麼意思？太陽幾乎快落下了——晚點？我觸碰了你的腳，而你甚至不了解耆那教基本的要求——日落後不能吃飯。」一切很快就改變了——我不再是世界的導師，他變成我的導師。他原本以弟子的身分來到；觸碰了我的腳。

我說：「這就是我說的，你不了解我，知道真相會是痛苦的。這不是我的錯。你只看了一本書就做出決定。我不認為晚上吃飯有什麼問題。」

「馬哈維亞這樣做是因為當時沒有電，人們很窮。他們常常摸黑吃飯。即使現在的印度，村子裡的人仍在黑暗中吃飯，甚至沒有蠟燭。馬哈維亞是對的，可能會有些昆蟲掉進食物，你沒察覺就吃了牠。而他反對暴力。」

「但現在……」——我們坐在有空調的房間裡；沒有蒼蠅或昆蟲，房中的燈光比日光還亮——「你可以開很多燈；沒問題。那些有電燈的人應該要讓他們可以在任何時候吃飯。」

他說：「你是危險的，即使聽你說話也是有罪的。我得很失望的離開。」

我說：「我不會負責。你對我有期待。我從未承諾要滿足你的期待，我對你一無所知。如果你的期待沒被滿足，那是你的錯，你的責任。不要再抱有期待。」

他在離開前說：「你會失去一個重要的崇拜者。」

我說：「我會失去無數個崇拜者。這只是開始，不用擔心。」我一直在失去——我的方法就是如何影響人們、創造敵人。首先他們被我影響。然後他們開始期待，當期待沒被滿足，他們就成了敵人。我什麼都沒做，都是他們的作為——那是他們自己的頭腦，是他們在玩這整個遊戲。

確實有很多人來找我，然後為了小事離開我，因為那些小事對他們而言是非常重要的。有段時間，很多甘地的跟隨者圍繞在我身旁。甚至國會的主席，執政黨的德巴先生，也來過我的靜心營……執政黨的山卡勞德夫，某一屆的秘書長，和很多甘地的跟隨者。

我穿過手工編織的衣服，對甘地的跟隨者而言，這是很神聖的。在印度的自由抗爭中，可以做為反對英國的象徵，表示我們不會穿著曼徹斯特或蘭開郡生產的衣服。這背後有個原因：在英國入侵印度前，印度有些工匠用手工編織的薄布料，即使現在也沒有技術做得到——尤其是住在孟加拉的達卡和周遭的工匠。他們的衣服是如此美以致於英國人不知道如何和他們競爭。

英國人的行為是醜陋的：那些工匠的手被砍掉了；無數人失去了雙手，這樣就不再會有來自達卡的衣服。這個沒人性的行為，適合被當作抗爭的理由：「我們不會穿你們的工廠生產的衣服。你們摧毀了我們的人，對他們而言，這不只是謀生的工具，也是個藝術，一個已經傳承了數千年的藝術，一代接一代。」

但現在印度獨立了，抗爭不再有意義。在國家獨立後，生產手工編織的衣服和使用紡織輪是愚蠢的。為了反對這點，我必須拋棄那些手工編織的衣服。因為現在印度需要更多的設備和技術，否則人們會挨餓、沒衣服穿、沒地方住。

當我穿著機器生產的衣服，我就不再是神聖的。所有甘地的跟隨者都消失了。國會的主席，德巴先生說：「你不必要的失去了無數跟隨者。應該稍微圓滑點。」

我說：「你要我成為外交家，要狡猾、去剝削和欺騙人？只是為了讓他們跟隨我，就得滿足他們的期待？我是不會這麼做的。」

這持續發生在小事上，微不足道的事情上。

我想到一個古老的西藏故事。

有兩個僧院：其中一個在拉薩，西藏的首都，它的分院位於深山中。管理分院的喇嘛年紀大了，他想要總院派某個人來繼任。於是他送出了訊息。

傳訊的喇嘛到了——步行了好幾個禮拜。他對總院的住持說：「我們的師父病得很嚴重，年紀也大了，很可能活不久了。他想要你在他死前派一個受過訓練的僧侶來管理分院。」

住持說：「明早就可以把他們帶走。」

年輕人說：「他們？我只需要帶走一個人。你說他們是什麼意思？」

他說：「你不懂。我會派一百個僧侶過去。」

「但是，」年輕人說：「這太過分了。我們很窮，僧院也很窮。一百個和尚是很大的負擔，我只需要一個人。」

住持說：「不用擔心，只有一個會抵達。我會派一百個人過去，但有九十九個人會迷路。即使只有一個人抵達，你也算幸運了。」

他說：「奇怪……」

隔天出現了一條長長的隊伍，一百個僧侶，他們得穿越這個國家。每個人的家都在路上的某個地方，他們開始消失……「我會回來，只和父母住幾天……已經好幾年沒回去了。」不到一周，只剩下十個人。

年輕人說：「老住持也許是對的。讓我看看這十個人會如何。」

當他們到了某個村子，有幾個僧侶出現了，說他們的住持死了：「可否仁慈點——你們有十個人，可以有一個人來當住持——我們準備做任何事，任何你指示的。」那十個人都想當住持，最後決定了其中一個人，讓他離開。

到了另一個城市，國王的人出現了，他們說：「等等，我們需要三個僧侶，因為國王的女兒要結婚了，我們需要三個教士。這是我們的傳統。所以你們可以自願跟我們走，或者我們強迫你們跟我們走。」

然後三個人消失了；只剩下六個人。旅程持續著，他們持續消失。

最後只剩下兩個人。

當他們來到僧院附近⋯那時是傍晚，有個年輕的女人出現了。她說：「你們都很慈悲。我住在山裡——房子就在那兒。我的父親是個獵人，母親死了。我的父親出去打獵，他說會回來，但卻沒看到。我很怕晚上單獨一人⋯只要一個僧侶，住在我家一晚。」

他們兩個都想住！年輕的女人是如此美麗，他們爭著要去。傳訊的年輕人看著這一百個和尚陸續消失，現在最後⋯他對那個女人說：「你可以選擇其中一個，不需要讓他們爭吵。佛教的僧侶是不該爭吵的。」

她選了最年輕的，最美麗的僧侶，回去了她的家。另一個僧侶對年輕人說：「走吧。他不會回來了；忘了他吧。」

年輕人說：「堅強點——僧院已經離我們很近了。」

在抵達僧院前有個村子，有個無神論者挑戰了那個僧侶：「靈魂不存在，神不存在。都是假的，只是用來剝削人。我要和你公開辯論。」

年輕人說：「不要理他，因為我不知道這會持續多久。我的住持在等待——也許他已經死了。」

僧侶說：「這是向佛教的挑戰。除非我打敗他，否則我不能離開。我必須和他公開辯論，讓全村的人知道。」

年輕人說：「這太過分了！因為你的師父說至少會有一個人抵達，但現在似乎只有我會抵達。」

他說：「你走吧。我是個邏輯學家，無法不理會這種挑戰。它會花好幾個月。我們會討論一切，因為我聽過這個人。他也是很聰明的人，一個哲學家。你先離開，如果我贏了，我會去。如果我輸了，我就得跟隨他；那就不用等我了。」

他說：「這太過分了。」

他回了僧院。老人還在等待。他說：「你到了那兒嗎？有多少人跟你回來？」

他說：「加上我共一百零一人。」

老人說：「很好。至少你回來了。你當我的繼任者；那一百個人都不會來了。」

師父知道只會有一個人回來。

那是西藏的諺語，一百個人出發，只會有一人抵達——即使這樣也很難得。很多人來找我，和我有深深的連結，看起來非常虔誠。但我知道有很多人無法和我在一起。這不是每個人都會走完的旅程，而是少數人可以走完的旅程。他們的虔誠會像清晨的露珠，很快就消失了。只需要一個小小的藉口——他們會找到藉口的。特別是跟著像我這樣的人，我不遵從任何經典和傳統，我就是自己的法律。只有少數很勇敢的人會一直跟著。

我現在對那些對我沒有任何期待的人談話。他們也都知道我對他們沒有任何期待。這是一種純粹的愛，沒有任何條件。只有在這種純粹的愛裡面，奇蹟才會發生——它們正在發生。

奧修，坐在你的腳旁，感受那些奇妙的、無法言喻的事件的發生，我想要悄悄對你說：「請答應讓我一直忙著跟你在一起，永遠不放開我的手，無論任何事！」這是貪婪還是弟子的狀態？

這不是貪婪，貪婪有它的症狀，但我沒看到。

首先，貪婪永遠不會暴露自己。它會一直把自己隱藏在某個東西中，它永遠不會公開。它是醜陋的；它不認為暴露自己或公開自己會受到歡迎。

人的內在中所有醜陋的一切出現時都會戴著面具。

那不是貪婪，而是你內在中單純天真的小孩。

你看過小孩跟父親早上去散步嗎？父親牽著小孩的手⋯⋯父親也許有很多煩惱，但小孩則充滿了好奇。他沒有任何煩惱；周遭的一切是個神祕——一隻蝴蝶、一朵花、海灘上的貝殼、任何東西——都是寶藏。

小孩不會煩惱，因為他知道自己是安全的；他的手握著父親的手。那是非常安全的，他不再需要任何保護。在愛裡面，他是安全的，不會有任何危險——那是父親要負責的——他準備接受周遭美麗的、神聖的一切，同時把它們散播出去。

你的問題來自你的天真：「奧修，只要握著我的手。」你沒有要求很多。

那不是貪婪。

我答應你：你可以享受存在讓你取得的狂喜。我是你的保障；只要把所有煩惱留給我。事實上，這就是臣服。

人們問我什麼是臣服，當他們詢問時，變得很難對他們解釋，因為那變成理智上的問題。這就是臣服。

你只是要求：「只要握著我的手；不要放開。」這條路是孤獨的，夜晚是黑暗的。但如果你的手握著我的手，那一切都會是光。不再有黑暗或夜晚，一切都會是美麗的。

我可以為你做到這件小事。

我會握著你的手。

我有自己的方式和策略。慢慢的，不會是我握著你的手，而是你握著我的手。但那是個秘密，我不該告訴你！

奧修，自從待在印度和你在一起，我感覺大部分的能量越來越向內走。我常閒坐著，有

種沒想說話的感覺；比以往感覺到更多的空。很多事變得令人精疲力盡，除了聽你講話。我是否關上了對外的大門？或者這個感覺和你說的寧靜有關？

門是一樣的，無論你是對外打開它或是對內打開它。無論你是離開家門，進入世界：你打開的都是同一扇門；或者你進入家裡：那是你得再打開的同一扇門。門沒有不同；只是你的方向變了。

當你向內走——那就是發生在你的情況——外在的世界越來越遠離你。門是敞開的，但你背對著外在的世界，臉則是朝著內在的世界。你準備要聆聽內在的小聲音，而不是所有外在的噪音。你只是把排檔從向外換成向內了。

你會驚訝的知道，當福特製造了第一輛車，它沒有倒檔；那個想法還沒產生。結果很麻煩：如果你停車時超過了房子十呎，就得再開車繞遍全村才能再回到家，因為沒有倒檔。人們問福特：「這很奇怪和麻煩。你應該做些安排，讓車子可以往後走。」然後倒檔被加入了。

你有個向意識走的倒檔，但你沒用過。你一直在外在的世界行走，以最快的速度——不知道要去哪兒，但有件事可以確定：你走得很快。

妻子用手肘輕推了丈夫：「你應該看看地圖。你開這麼快，超過了所有速限，但卻不看地圖，不看看自己要去哪兒。」

男人說：「閉嘴！那和我們要去哪兒無關。重要的是速度，只要享受速度。」

我聽說蕭伯納曾被發現搭火車卻沒買車票。查票員說：「我認識你；你是聞名世界的人。不用擔心。」——因為他在找車票，打開行李箱，這個袋子和那個口袋，但沒找到車票。全身大汗，非常焦躁。

查票員說：「忘了車票吧。我知道你一定有買，它一定在某處。只要放鬆，我會離開。沒人會再來打擾你。」

他說：「誰在乎車票？別管閒事。我擔心的是我要去哪兒——因為那寫在車票上，沒有它，我如何知道要在哪站下車？」

但每個人都處於同樣的情況：速度，快速的，沒有車票，甚至不知道要去哪兒和為什麼要去。只因為沒事可做，所以就保持讓自己忙碌。

一旦你了解到還有向內走的可能，你可以進入自己，把全世界遠遠的留在腦後。世界的噪音將無法影響你。

並不是門被關上了。是你存在的深度。那個寧靜是如此深以致於能夠吸收各種噪音；不會被影響。

無論發生什麼，讓它發生。不要干涉。如果你可以幫助它，就幫助。如果不行，至少不要干涉。它會自行發生。你很快就會享受你內在深處中的花朵的成長，只屬於內在的芬芳。

當你處於存在中的中心，就不再有外在的世界了，一切會離你非常遙遠以致於神秘家都認為它是個幻象或夢。但它不是夢；那不是真的，它不是虛幻的。世界是真實的。但神秘家的感覺也是非常真實的。是因為他處於自己的中心，所以會覺得這個世界是虛幻的，瑪亞，世界消失了，彷彿從未存在過——就像你早上醒來，夢消失了。

所以所有的神秘家都同意一點，世界是虛幻的。但我不認同他們。世界不是虛幻的，它是非常真實的，但神秘家說的仍是真實的感受。世界越來越遠離你，而你非常沉浸在寧靜和安和中，就你而言，世界幾乎是虛幻的。但記住，我說：「幾乎是虛幻的。」

我教導科學的神祕主義。過去的神祕主義是單向的：它考慮內在，譴責外在是虛幻的。我不會說外在是虛幻的；唯物主義者說內在是虛幻的，我也不同意。內在和外在一樣真實。但唯物主義者有它的道理——完全投入在唯物主義中，以致於內在是如此遙遠，幾乎是虛幻的。

對科學而言，兩者都是真實的。內在和外在是同一枚硬幣的兩面。但問題是，你一次只能看到硬幣的一邊。當你要看硬幣的正面，那反面會消失，所以似乎是虛幻的。當你把硬幣移到反面，正面變成虛幻的。無法同時看到兩面。

但那不表示有一面是虛幻的。因為如果有一面是虛幻的，那另一面就無法是真實的。除非兩者都是不真實的，或者兩者都是真實的。但這兩者不可能都是不真實的。唯一的可能就是兩者都是真實的。

奧修，如果我在生命中看到的、感受的和觸碰的一切都是幻象。那我和你的關係是什麼樣的關係？

誰說你觸碰的、看到的和感受的一切都是幻象？用頭撞柱子，你會知道它不是幻象。如果有任何聖人這麼說，只要帶他去柱子旁邊，告訴他：「用頭撞。」即使是一輩子都在這麼說的人——吠檀多派的追隨者，最相信世界是個幻象的人——去看他們：他們不會穿牆，他們總是從門出入。

有個商羯羅曾住在我住過的寺廟中，他堅持一切都是虛幻的。他有根拐杖——就放在他旁邊。我會拿起枴杖說：「我要打你的頭。」

他說：「什麼？別這麼做。我是個老人；你會敲破我的頭。」

我說：「一切都是虛幻的——拐杖、頭骨、敲破的行為。」

他說：「它是：理論是一回事，但那不表示……」

我說：「理論是一回事，生命是另一回事？那表示你是不誠實的。」

理論和生命應該是一樣的。

那才是成為真實的。

你一定看過那些所謂的偉大聖人的書，他們一直說世界是虛幻的。但你很清楚它不是虛幻的。

只要一天不吃東西，到了晚上，你會知道食物不是虛幻的，飢餓不是虛幻的——你會到廚房開冰箱，即使知道一切都是虛幻的。為什麼要自找麻煩去開冰箱，拿出虛幻的東西；多此一舉的去吃不存在的東西？

沒有任何東西是虛幻的。一切萬物都有它的實相。只有存在著實相的領土，有不同層次的實相——心靈的實相比物質的實相還真實——但物質不是不真實的。

你問我：「如果一切都是虛幻的，那你跟我的關係是什麼？」

如果都是虛幻的，那我是虛幻的，你是虛幻的。兩個幻象之間會有什麼關係？

沒有任何事物是虛幻的。

我和你的關係比事物的實相還真實，因為愛比世界上的一切事物還真實。

詩歌比散文還真實。

內在的經驗比外在的經驗還真實，因為透過外在的經驗，你和被你經驗的，會有一個距離。透過內在的經驗，你和那個經驗是一體的；它擁有更多的實相。

世界上最偉大的實相就是你對自己的了解。

和我的關係擁有超過所有關係的實相，因為這個關係將會引領你到達最終的實相，自我達成。

但不要提出來自書籍或各種笨蛋的問題。他們也許被當成聖人膜拜，但如果他們沒有做到他們說的，那他們甚至不算真誠的人——更別說他們的神聖了。

童年時，我的父親有個朋友是偉大的醫生，也是個很博學的學者。所以聖人、聖雄或學者都會住在他的家。由於我父親和他的友誼，使我可以去他家——每當有客人來，他會叫我不要過去。他說：「奇怪，每當我叫你不要過去，你就會立刻出現在那兒」——因為我常從家裡觀察他的房子，如果有任何聖人來到，那第二個出現的人就會是我。我發現從童年起⋯⋯那些人幾乎都是吠檀多派的追隨者，它的哲學教導一切都是虛幻的。

其中一個最偉大的印度教聖人，科爾帕特里曾住在那兒。有一天他在靜坐；他後面是門。我對著他的頭扔了一本書。一個剃光頭髮的頭⋯⋯書沒有掉下去，而是打到他的頭。他說：「你在做什麼。」

我說：「沒事，一切都是虛幻的。」

那個醫生不在。

他說：「叫那個醫生來。你應該站在門口等。」

我說：「奇怪，你相信房子的存在？你相信醫生的存在？他就坐在你後面。」

他往後看：「後面沒人。」

我說：「那是虛幻的，所以你怎麼看得見？我可以很清楚的看到他；他就坐在椅子上，周圍都是他的藥。」

他又往後看。

我說：「你一定老了，需要眼鏡。」

他說：「我可以清楚的看到其它東西——桌椅和牆壁——但看不到醫生。」然後醫生來了，他說：「醫生在這兒！」

我說：「你整天都在談論幻象，但看看你的生活，我沒看出有任何影響。擁有口頭上的、智力上的生命哲學有什麼意義？」

避開這些人。

童年時，當這些人在寺廟講道時，我會站起來：「不要說事物是虛幻的，如果你這麼說，我會證明它們不是虛幻的。你認識我，我們早上在醫生的家裡見過。我已經證明了。」

然後他們會開始避開我的村子。醫生對我的父親說：「以前常有聖人會來。你的兒子造成了麻煩。當我去火車站接他們，他們說：我們不會過去，因為那個情況很尷尬：他在數千人面前站起來說他可以證明…而他也可以證明，但我們無法證明，整個哲學在於世界是虛幻的。」

隨時記住，除非那個信念可以給你一個洞見，除非它們可以給你新的生活觀，除非它們可以轉變你，除非它們是煉金術，否則那個信念是沒價值的。

奧修，為什麼總是很難了解你和你的工作？

你一定很遲鈍，很笨。我說的一切是非常簡單明顯的。沒有需要了解的問題；只需要聆聽就夠了。如果這很難，那表示你沒有在聆聽。

忘掉了解。把你所有的能量投入到聆聽中，了解會自行來到，就像跟隨你的影子。

我沒有說出任何很複雜的東西；我不是哲學家。我說的是很單純的事情，如此明顯以致於人們忘記了。但我可以感到你的困難。

你是個心理學家，更處於頭腦的。你的訓練是屬於頭腦的，在這兒的所有方法是要把頭腦放在一旁。心理學家真的進退兩難，因為他的訓練是越來越深入頭腦和它的機制。在這兒，則是要擺脫頭腦，忘掉所有頭腦中進行的胡扯。那一定是你的困難。

不是我的教導造成困難。是你的訓練和接受的教育。你得移除你的心理學訓練，因為我們在超越心理學。如果你抓著心理學不放，那任何超越心理學的東西看起來會很難了解。

心理學是世界上其中一個奇怪的行業：他們的努力是要幫助人，讓人們恢復心理上的健康。但自殺和發瘋的心理學家勝過其他行業；變態的、充滿性慾的心理學家勝過其他行業。某個地方在根本上出錯了，那就是：他們被告知人就是頭腦，沒別的了。沒有靈魂，沒有任何東西是在頭腦之外的。頭腦就是全部，頭腦的死亡會是所有事物的結束。

那是謊言。頭腦不是全部；頭腦只是個儀器。你可以正確的使用它，也可以錯誤的使用它。如果你錯誤的使用它，那將會造成變態、謀殺、自殺、發瘋。如果你正確的使用它，你就能走到它外面。

如果你想要了解我，就正確的使用你的頭腦。靜心，走到它外面。

第三十二章
最大的冒險

奧修，當共產黨說了謊，我們會知道那是個謊。當教皇說了謊，我們知道那是個謊，我們說他在說謊。但當你說了謊，我們總說那是個策略。無論我把你當成師父或朋友，我想要知道你為什麼對我們用了這麼多謊言的策略。因為這對我而言是個信任的問題。

自從成為你的桑雅士，這是我寫下的第一個問題，我的手和整個存在都在發抖。請再幫我弄清楚。我愛你。

第一個要了解的是，你是新來的桑雅士；你不熟悉我或其它師父的方式。但你的問題是重要的，我想要從各個層面深入它。

路上的石頭可以是攔路石，擋住了路，也可以是幫你往上走的墊腳石。石頭是一樣的，但你要怎麼用，都取決於你的用法。

佛陀把真理定義為「可以發生作用的」——一個奇怪的定義，但卻非常的深奧。

問題不在於某件事是否是謊言；問題在於那個謊言是指向真理的箭或遠離它。什麼是箭的方向？對求道者而言，變成指向真理的箭的謊言就跟真理本身一樣重要。有時候會反過來：真理沒引領你達到最終的真理；而是引領你走向黑暗或死亡。那它就不是可以選擇的真理。

共產黨和策略或真理無關。它的領域在於事實，所以它可以輕易的說出什麼不是事實和什麼是事實。但師父下工夫的世界不屬於事實的世界。

你得了解事實和真理的差異：事實屬於物質的世界；真理屬於超越的。某件事今天可能是事實，明天就可能不是事實。你現在是年輕的，這是事實；但日後你老了，這個事實就不再是事實。

真理一直是相同的——今天、明天、整個永恆。

很容易知道某個人說的話是否與事實不合；謊言是如此明顯和無意義。但關於超越的世界，所有的話都是謊言。所以問題不在於我偶爾說了謊——只要你說了一個關於最終的字，你就說了謊。

老子的一生中從未寫過任何東西，甚至一封信都沒有。但人們知道他，很多人認為他找到了寶藏卻沒說出來——多麼吝嗇！連皇帝也把他叫來：「這樣不對。你應該說說你發現了什麼，因為那從你的存在中散發出來；當你靠近我們，我們會感受到那個涼爽、寧靜和美。你孕育著某個不屬於這個世界的。把它說出來和寫下來，讓那些在黑暗中摸索的人可以找到路。」

老子說：「你覺得我沒想過嗎？我一直流著淚；在夜裡哭泣，這樣就不會有人看到，因為我知道它。但我同時也知道說了任何關於它的話會是背叛。它是無法用文字界定的；無法解釋這個經驗。請原諒我，我是完全無能為力的。當我看著人們，我想要說些話，但當我向內走，看著我自己的存在，它的光，我看到了自己的無助——要如何把這個光注入到文字中？這個活生生的真理無法被強加到沒有生命的文字中，我不打算犯這個罪。」

他的一生都對此保持沉默。

仍然有些弟子跟隨他，接近他。雖然他沒說出來，但他們聽到了。這是神祕的地方——他們聽到它像是寧靜的音樂，他們聽到它像是升起的芬芳，他們透過老子深邃美麗的雙眼聽到它。但只有少數人可以聽到。

那些不需要透過文字就可以了解的人不會需要任何建議。

你不是他們。

你需要文字。你不是很天真敞開的，你不是如此有接受性以致於可以聽見寧靜，那個寧靜會變成一種講道。

沒錯，對有些人而言，石頭就是種講道，他們不需要文字。但世界上已經越來越少這種稀有的人了。

世界變得越來越博學多聞。人忘掉還有其他溝通的方式；現在他們只知道一種溝通的方式，那就是文字。但透過文字無法表達真理。唯一可能的方式就是對你說了指向真理的謊。

慢慢的，當你了解真理，你會了解他們的慈悲，他們甚至準備欺騙你。老子沒有像我如此慈悲。他比較在意真理的純粹；我比較在意你的存在的進化。如果你沒有任何進化，真理會從世界上消失。但如果需要對你使用某些策略，我不會有任何遲疑。我準備對你說任何話，即使只能幫你進展一點點。

最後，老子準備要離開中國到喜馬拉雅山，他想要死在那兒，皇帝命令全國各地，只要發現老子要離開邊界，就逮捕他，強迫他——除非他把他的經驗寫下來，否則不能讓他離開。他被抓到了。抓到他的人也愛著他；含著淚水說：「我必須遵從命令。這是我的屋子；數哩之內都沒有任何人。這是邊界——我不會讓你走。你可以在我的屋子裡休息，寫出你的經驗。」

老子只好寫下來。在三天內完成了唯一的一本書——一本小書，只有幾頁。第一段話是：「真理無法被說出來；一旦你說了，它就變成謊言。所以看我的書時，請記住。我是被迫寫下來的。我會盡力，但即使如此，它仍是個美麗的謊言。」

他完全沒察覺到，對一個善於表達的師父而言，謊言也可以變成墊腳石。

他是個神祕家，但不是師父。他知道了，但無法讓別人知道。

有個人問過我：「是否可能在這一世成道？有這麼簡單嗎？——因為我聽過聖人說它很困難，需要數百世。」

你要我怎麼回答這個人？——需要數百世嗎？那也許用數千世也無法使他成道。我對他說：「在這個當下，成道是可能的。問題不在於幾世，甚至不用幾天或幾小時。如果你準備好，就在這一刻⋯⋯」

這讓他有了勇氣。雖然他知道不可能在這個片刻——但也許明天、後天、至少這一世⋯⋯我對他說：「這是世界上最簡單的事，因為那是你的本性。不是某個要達成的，而是某個要記住的。你只是忘了。所以不用擔心。」從某方面來看，我在說謊。我知道可能不是這一世，而是「也許」。也許我可以使他鼓起勇氣，受到激勵，如果我可以給他足夠的挑戰，那是有可能的。

我準備要說謊，因為我不會因為說謊而失去任何東西，但他會得到某些東西。這不會造成任何傷害。我為了對他的幫助而說謊。我說謊不是為了欺騙他，因為我不會因此得利。我說謊不是為了剝削他。我只是讓他知道時間不重要，重要的是你的強度、你的渴望。如果你的渴望是一般的，如果你不是強烈的，如果你是差勁的，那也許會需要幾百世。但如果你準備要冒險，冒著生命的危險，那這一刻就會是個機會。

生命不是個數學問題，它是個神祕。

你無法預測。任何事都有可能——何不往好處想？何不創造最好的情況？如果它可以發生在我身上，那有件事是可以確定的——它也可以發生在你身上。我不讓任何人崇拜我。我沒有比你神聖，沒有比你優秀，我不是先知、救世主或神的使者。我不是神唯一的兒子，我只是跟你一樣，一個單純平凡的人。如果我可以，那你也可以；差別只在於你以為那很難。你的認知使它是困難的——那也是個謊言。如果除了說謊就沒其它辦法，何不用簡單的辦法？

我說：「那是世界上最簡單的事。」這是謊言，但卻是比較好的謊言！它是慈悲的。所以當共產主義者說了謊，那就是謊言，當師父說了謊，那不是謊言，而是個策略。從某方面幫助你，讓你更接近真理。沒有直接的方式；因此需要間接的方式。策略只是一個間接的方式。

我常說一個故事……

有個人的房子失火了，他年幼的小孩在裡面玩耍。他們很興奮。不知道……他們是完全天真的，開心的跳著舞，因為他們從沒看過這麼大的火。

全村的人都聚在屋外，人們對屋內的小孩大喊：「出來，否則你會被燒死！」但四周非常吵，沒人聽得到，那些小孩對火焰非常陶醉，在屋內跳舞……他們都在屋子中間，跳著舞，嘻笑著。這些火焰讓他們非常興奮。

然後他們離家進城的父親，回來了。人們圍繞著他：「我們很抱歉，無法把你的小孩帶出來。我們努力試過了，大喊大叫，但他們沒理會。」

父親走近房子……有個窗戶還沒燒起來。他對小孩喊叫：「我帶了很多你們要的玩具，出來拿。」

他們全走到窗戶旁，開始問：「玩具在哪兒？」

他說：「先出來。我把它們放在外面。」當他們到了外面，他說：「原諒我，我說謊了。必須讓你們出來，沒有辦法，也沒有時間讓你們知道你們快被燒死了。這是火災，不是玩耍。我忘記你們的玩具了；我明天會去買，原諒我欺騙你們，但不透過說謊就無法挽救你們的生命——只有玩具可以讓你們離開失火的房子。」

你要怎麼對這個父親說？——他是騙子？他應該為了騙自己的小孩而羞愧？或者你可以了解他的慈悲和愛？誰說謊言都是不好的？在這個故事中，它們不是不好的；它們被證明是挽救生命的策略。

如果我說了超出你的頭腦能理解的範圍之外的事，也許你會害怕。

你知道佛教在五百年內就從印度消失了嗎？宗教史上最偉大的人……他的宗教甚至撐不了五百年；五百年後，他的宗教消失了。他的方法在某個地方出錯了。不是他不了解真理；他達成了真理，但他對人們說了不該對他們說的。他說了真理，但人們不準備聆聽真理；他們想要一個甜蜜的謊言。他應該用某個方式，讓人們不但聽了甜蜜的謊言，也吞下苦澀的真理。

每個真理都得是包裹著糖衣的；否則你吞不下去。

佛陀對人們說：「當你去到你內在深處的核心，你會消失，無我——沒有自己，沒有存在，沒有靈魂。你會只是個零，這個零會融化在宇宙的零裡面。」非常接近最終的真理，但用很粗糙的方式說了出來。

誰想要變成零？人們是來尋找永恆的喜樂。他們已經疲倦了，痛苦的、煩惱的、承受著各種瘋狂。他們都來找師父，而師父說：「唯一的解藥就是你變成零。」——換句話說：除非病人被殺了，病才可能被治好。正確的翻譯就是這樣。當病人死了，病自然會消失，但你是為了被治癒而來，不是被殺。

佛教在五百年內消失了。這有一個根本的原因，那就是人們不認為它是值得經驗的、吸引人的、誘人的。它是赤裸裸的、真實的，但誰想要赤裸的真理？

我必須談論喜樂、至福和你內在中綻放的千瓣蓮花。然後你會認為它是值得的。每天只要靜坐一小時，如果內在會綻放千瓣蓮花，會有一千個太陽升起，那一天花一小時是值得的。

但真相是，不會有任何蓮花或太陽——只有純粹的無物。

那就是佛陀對人們說的。

因為他的影響力才使人們跟隨他，但當他死了⋯他留下了偉大的弟子們；那個傳承繼續著，但人數變得越來越少。在五百年內就完全消失了，因為沒人對它有興趣。沒人想要變成零和消失；最好還是痛苦的，但至少還存在，還有希望，也許可以在某一天脫離痛苦。你是貧窮的，但有一天可能就會富有了。現在狀況不好，以後就可能好了。不要放棄；明天可能就會有好消息了。但這個人說：「放棄世界，放棄所有世界上的寶藏。」為什麼？——為了變成零！

跟隨佛陀的人不是因為他說的一切，而是因為他所是的。當他消失了，只剩下他說過的話，甚至沒人準備要聆聽。

如果你把零放在這一邊，把地獄放在另一邊，人們會寧願選擇地獄——至少可以找到某間餐廳或迪斯可。一定會有某些東西在那兒，因為所有好人都去了地獄。只有乾瘦的聖人會上天堂。所有有趣的人——詩人、畫家、雕刻家、舞者、演員、音樂家——他們都去了地獄。

所以如果讓你選擇零和地獄，任何有智慧的人都會選擇地獄。但是零⋯⋯？在地獄還有可能會離開，甚至是上天堂。但是零，什麼都沒有，甚至沒有全錄複印機——消失了，永遠的消失了。

我一直在用各種策略、方法、靜心、故事、話語、理論和論點來幫你走向真理。它們本身不是真實的，但它們都指向真理。當我的手指指向月亮，那不表示我的手指就是月亮。它只是表示：看著月亮，不是手指——手指不是月亮。如果你抓著手指不放，你會說：「你說謊，這不是月亮。」

但我說了任何被說過的，或者可以被說出來的，都只是暗示，指著某個東西的手指。看它指著哪兒，那個不可知的、神秘的——然後向它移動⋯⋯

即使我得告訴你不會發生的事，但如果它們可以讓你走向那個必須發生的⋯⋯它們是謊言，但不只是謊言；它們是策略。出自於慈悲，它們只是用來幫助你。無論你想要什麼、渴望什麼、欲求什麼，我都會使用它，因為我知道一旦你開始往正確的方向前進，你就會停止渴望任何會阻礙你的。剛開始，它是有幫助的。隨著你越來越接近真理，你會發現它是個阻礙。你會放下它。

當愛德蒙希拉里爬上聖母峰，他有個至少三十個人組成的團隊和幾噸重的行李、食物、帳篷、器材、救生器具、相機和各種東西……但他抵達了聖母峰。隨著高度持續上升，他得丟掉東西，因為每樣東西都變得越來越重。當空氣變稀薄，東西會變得更重；必須拿掉不必要的東西，留在路上。你可以回程時再把它們帶走。

當他終於很靠近……只要幾呎……他丟掉的最後一樣東西是他的外套。連外套都變得很重。呼吸很困難。就在抵達前幾呎，他放棄了用來拍照的相機。拿給他的夥伴，他說：「你收好它，用它拍照；我無法帶著它了。它變得很重，呼吸很困難。」當他站上聖母峰時，身無一物。只有他一個人。

在尋找真理的路上也是幾乎如此。剛開始時，你有很多行李，你必須……如果我要你扔掉所有行李，你會說：「那我不去了。」於是我說：「你能帶多少垃圾就帶多少」──因為我知道你自己會逐漸扔掉它們。我不需要告訴你。隨著你越來越往上走，你會開始扔掉垃圾。即使我說：「你扔掉很貴重的東西了──收好它們！」你會說：「現在做不到了；不是東西往上走就是我往上走。不可能兩者同時往上走，它們會害死我。」它們曾經是貴重的，現在它們會危及你的生命。

最後，你會是單獨的。所有的文字、策略和方法都被留下了，因為它們都成了負擔。但剛開始，最好不要這麼說；最好盡可能給你很多負擔，讓你享受旅程。至少剛開始，你會做得很好。旅程本身會轉變你，帶著所有謊言，最後只剩下純粹的真理。

那就是策略的功能。

奧修，我是個賭徒，我的心像磁鐵一樣，被吸向你；但當我接近你時，我就像初次約會的年輕人，不知道做什麼，害怕自己會做錯事、說錯話或寫了錯誤的東西。是否因為我不敢冒這個險？

這是生命中最大的冒險。

和我在一起，你遲早會失去自己。那會創造出一種無意識的恐懼。

每段愛情都是危險的，因為一個人必須失去自己。保持一段距離會是好的。人在腦中想了很多遇到愛人時要說的話。但當他們相遇，就突然傻了。那個接近造成了變化——嘮叨的頭腦不再嘮叨了。然後會有恐懼。如果愛是真實的，就一定會產生恐懼。

如果愛不是真實的，那就不會有任何恐懼。你會說任何你想說的——複誦你看過的電影對白或看過的小說對話或詩歌，不會有任何風險，因為是假的。

你知道假（phony）這個字嗎？它來自「電話」。愛人們在講電話時都是偉大的演講者。經過好幾小時，他們還在講話。他們變得很善於表達，因為周遭沒人——女方如此遙遠，男方如此遙遠，也許好幾哩。「假」這個字來自於電話，因為電話改變了整個情況。不再是真實的，而是虛假的。甚至你的聲音也不是你的聲音；透過電話聽起來像別人的聲音。

但面對面，如果存在著真愛，寧靜會降臨，恐懼會包圍你——那個恐懼會融化在對方裡面。

這是其中一件最重要的事，必須了解：你越被對方吸引，你就越害怕對方，因為那個吸引表示那是無法抗拒的。當你接近對方，會無法使自己是單獨的，你會忘掉一切，你會縱身一躍，和對方合而為一。這是一般的愛。

當你去見一個師父，事情變得更複雜。和一個師父在一起會是準備去死；如自己所是的死，如自己應該是的再次出生。你不知道死後會如何。你知道你的現況，自然會抓著它不放——因為誰知道你是否會再次出生？沒有保證，沒人承諾。即使某個人承諾了某件事，如果你不存在了，那個承諾還有什麼意義？誰能去法院告對方：「這個人答應我，說我會再次出生。」死人無法到法院提告。

和師父在一起是最大的冒險。

你冒著失去一切的風險，不知道接下來會發生什麼事，不知道結果會如何。

師父說你會再次出生，在光芒中出生，你會在你的永恆中出生，在不死中出生。因此，信任變成了宗教的基礎——不是信仰，是信任。信仰是理論上的，哲學上的。信任是個人的。如果你信任，你就會冒險。

信任是現代人最罕見的特質。所以你不會看到很多代表神的人，不會看到某個人的存在就讓你認為存在著某個不可見的、非實體的。地球上曾經有很多人有這樣的特質，但那個特質已經被摧毀了。宗教摧毀了那個特質。你會感到驚訝，因為那是真正的宗教基礎。但真正的宗教不會有任何名字——不會是印度教、回教或基督教。它只會是一個宗教性的特質。

現在所有的宗教都是反對宗教性的，都是阻撓宗教性的。商羯羅、教皇和何梅尼都一樣，他們創造了某個近似的東西來欺騙人類，已經有數千年之久。他們給了你信仰，不是信任。信仰是個玩具——你可以玩耍它，但它無法轉變你。二十世紀來，無數的基督教徒都無法再創造一個耶穌——還有什麼比這個更失敗的？

二十五世紀來，所有的耆那教徒都無法再創造一個馬哈維亞。那些人去哪兒了？甚至讓人懷疑這些人是否存在過，是否只是神話。他們似乎不是真有其人，因為現在的世界沒有類似這樣的人。

所有宗教的教士都是宗教性的敵人。

他們一直在把信仰灌輸給人們：相信神、地獄和天堂，相信一千零一件事。他們拿走了你的膽量。使你們變成生意人。

宗教性需要賭徒。

所有的生意人都在思考利益，能夠從交易中得到多少。

賭徒不思考利益。他只是享受那個冒著失去一切的風險的片刻，同時等待那個未知的，等待它發生。在那個等待中，他經驗到某個屬於宗教性的。但那是短暫的；如果和師父在一起，它會變成一個固有的現象。你越接近，就冒越大的險，就越靠近火葬堆。

你死去的那一天，弟子就誕生了——對死亡的恐懼在那兒，儘管如此，你仍得冒險，否則你永遠無法成為一個弟子。不成為弟子，就無法進入宗教的世界。

你會去教堂、寺廟、清真寺，你可以像鸚鵡一樣複誦經典上說的一切⋯但都不是你的經驗。

師父是個跳板，你可以從那兒跳向未知的。

沒人會毫無改變的回來。透過師父，每個人回來時都帶了復活的個體性，眼中帶著新的光芒，他的存在有一個新的優雅——每一步都帶著新的喜悅，被新的舞動圍繞著。

奧修，雖然我很愛你，我似乎總是會找理由不靠你太近。我在避開你的存在嗎？

我回答你了。

奧修，當我向內看，我可以看到你的臉，當我向內聞，我可以聞到你，當我感受內在，我可以感受到你的觸碰。

兩周前聽到你說：「來」，我幾乎不敢相信。但當我再察看，就看到微笑的你，於是我來到這兒了。

你是否可以對我們談談和你溝通的方式，或者師父和弟子間的溝通方式？

只有兩種方式：老師和學生間的，師父和弟子間的。

我把前者稱為溝通，後者稱為交融。

我對你講話。你很可能只在乎我講的話；那你就是個學生，對你而言，我只是老師。你會變得更博學多聞，你會知道的越來越多，但你仍然是無知的。

如果你聆聽我——不只是文字，還有它們背後跳動的心——那就會有交融。你也許沒有因此更博學多聞，但你的無知會開始在天真中消失。

然後會有一個片刻來到，師父和弟子只是看著彼此的眼睛就夠了，或者只是坐著，弟子接受師父的存在，就夠了。在寧靜中，慢慢的，一個同步性會開始發生——一個心和心之間的美妙音樂，不是用聽的，而是用感受的。

我不想再要任何學生。我已經浪費夠多時間在他們身上了。

我現在只在意弟子。對弟子而言，除了交融，一個融合，沒有其它方式——兩個意識相會並融合，失去了他們的界線，重疊著。我經驗到的一切會開始流向你，喚醒你，把你從深沉的心靈睡眠中喚醒，然後有一天，弟子就不再是弟子；他回到家了。他變成了師父。問題不在於知道多少，而是存在，你有多少存在。到了某個時候，你的存在會開始和宇宙的存在融合。然後師父的工作就結束了；他可以向你道別。你已經來到不再會返回的狀態。你不會退回來了，你可以一直繼續下去，直到抵達最終的。

奧修，頭腦是疾病，心是解藥。在這兩者外，你的存在象徵了寧靜，文字不再有任何用處。透過愛、記得你和靜心使我感到安康。是否可以請你談談這三點？

它們是不同的。

把你全部的能量投入到靜心中。變成寧靜的，看著在頭腦的螢幕上移動的思想。只要透過看，它們有一天會消失。

不要急。除了看和等待，你無法做其它事。

記住這兩個關鍵字：看和等待。

當時候到了，當你的看是完美的，思想會消失——它們的消失意味著整個存在的開啟。

這就是我說的靜心。

在這一刻，你會很難發現自己還記得我，但不要強調它。讓它像微風一樣來到，然後讓它離開。它不該是阻礙，它應該只是單純的感激——只是一陣芬芳，維持了幾個片刻，圍繞著你，然後在宇宙中消失了。

當你變得對存在敞開，你會首次知道什麼是愛。它不會特別針對某個人；而是不分對象的——星辰、樹木、人們、動物、山、河流、海洋，所有存在的：你的愛會對它們灑落。但你不用擔心它；這些是靜心的副產品。

所以不要思考這三件事——靜心、記得師父和愛。只要完全投入到靜心。當靜心是完全的，會有一個你記得師父的片刻來到；它一定會這樣。然後會是愛的溢出，毫無原因的，只因為你是如此充滿，一朵雨雲。你會是一朵想要灑落的愛之雲。

一般的愛總是針對某人，有個對象。有目標的愛是危險的。

我想到一個美麗的故事：有個佛教的尼姑，她有一個金色的佛像，一個金製的小佛像。她住在中國的一個佛寺中：也許那是全世界唯一有這麼多雕像的寺廟。它被稱為萬佛寺。一萬尊佛像——整座山都被雕刻了，整座山都變成一個佛寺。

但她太在意她的小金佛，雖然到處都是不同姿勢的美麗佛像——坐著的、走著路的、睡覺的——她會每天早上膜拜她的金佛。但困難在於她會點香。她的佛像很小，你不能依賴風。風會來到，把煙吹向其它的佛像。而且有　萬尊佛——她的佛像太小了，無法得到任何煙。她因此很生氣：「太過分了。其它佛像都有得到，但我不是為了它們點香的。這是詐欺，我可憐的佛像在受苦。」

她想到一個方法。她做了一根小竹子，一根空心的竹子，把它放在香的上方，連接著小佛像的鼻子。她變得很高興，這樣所有的煙都會吹向小佛像，她的佛像：「誰在乎其它的佛像？我的佛像才重要。」

但這樣就創造了一個新的問題：佛像的臉變黑了。她去找佛寺的住持：「幫幫我。我是個老尼姑，不知道該怎麼辦。」

他說：「但這是怎麼發生的？」她講了整件事。他說：「妳太笨了。它們都是佛，都是同一個人的雕像。妳不該執著妳的小佛像。」

每當愛是有目標的，這就是會發生的情況：使雙方的臉都黑了，因為雙方都針對對方。所以你會看到愛人們嘮叨、發牢騷⋯⋯

讓芬芳流動，因為就生命而言，就存在而言，一切都是一體的。沒有別人的分別。

第三十三章
把靜心帶入俗世，不是把俗世帶入靜心

奧修，汪達和我在帶領一個稱為「在俗世中靜心」的團體，包括讓人們知道頭腦是如何創造實相的。其中一個練習就是讓人們被自己的欲望滿足。這個方式是否可以讓人們進入靜心？或者使他們更遠離靜心？

在俗世中是我的整個訊息，但你對它的了解不是正確的。

首先，靜心不是某個頭腦內的東西。

俗世就在頭腦中。靜心是超越頭腦的。

頭腦創造了俗世，但頭腦無法創造靜心。頭腦會創造挫折、滿足、愉悅、痛苦、憂慮、煩惱或動物般的滿足、野牛般的滿足——但野牛不在靜心裡面。

你說頭腦創造了自己的世界，這是正確的；它把自己投射到客體上。同樣的客體可以是愛人、朋友或敵人。你可以為某個人死，也可以殺了同樣的人。你可以欲求財富、權力、名望、面子；你甚至可以欲求無欲。你可以創造一個世界帝國，你可以創造亞歷山大大帝；你

也可以放棄世界，隱居在山中，在喜馬拉雅山上——這都是你頭腦的把戲。

確實，你的世界是你的頭腦投射到螢幕所產生的。但你在幫助人們被自己的欲望滿足。你問了一個很重要的問題：這是否會幫人們進入靜心？或者使他們遠離靜心？這會使他們遠離靜心。你無法成為朋友；如果你幫他們被自己的欲望滿足，你是在毒化人們。

對神性的不滿足是進入靜心的第一步，而不是滿足。如果人已經因為有了金錢、權力、面子而滿足，那他會認為何必靜心？你已經給了他鴉片，你對他下了藥。

自古以來，所有的宗教都在這樣做——提供鴉片給人們，使他們滿足，告訴他們因為俗世的一切而滿足就是靈性。它們安慰了人們，但安慰不是宗教。

宗教是革命。

革命永遠不會是因為滿足；而是因為極大的不滿足。

例如，你可以看看印度史。一萬年來，承受著各種羞辱、奴役、窮困和疾病；但卻沒有任何革命。奇怪⋯數千年來，無數印度人被像動物一樣對待，甚至更糟，但他們沒有反抗過。因為宗教使他們是完全滿足的——印度教、佛教、耆那教，都在教導一件事：如果你因為在俗世中擁有的一切而滿足，你會在另一個世界得到百萬倍的獎賞。不滿足會是無靈性的。如果你是窮困的，接受它，把它當成神的禮物。

你沒聽過耶穌對人們說嗎：「貧窮的人有福了，因為他們將繼承神的王國」？這段話表達了宗教對貧窮的主要態度：如果你是乞丐，只需要忍耐一段日子⋯⋯

為了安慰窮人，耶穌說：「駱駝可以穿過針孔，但富人無法通過天堂的門。」這讓人感覺很好。窮人會自豪於自己的貧窮；那是某個獨一無二的、特別的、神聖的。富人是愚蠢的；只能富有一陣子，然後就是永恆的地獄。忍受一段時間的貧窮，就能得到所有你能想到的和夢到的永恆愉悅——持續到永遠。如果讓你選，你會選哪個？富有或貧窮？——七十年的富有和永恆的地獄，沒有出口，無法逃離地獄；你只能進入，無法離開；或者七十年的貧窮⋯⋯只是在考驗你的信任。被祝福的人是那些喜悅的接受考驗的人，沒有任何抱怨——神的王國是他們的。

一萬年來，過著各種無人性的生活——羞辱、奴役、貧困、死亡、飢餓——沒有任何反抗，沒人說我們應該改變整個架構和社會。既得利益者是快樂的，那些掌權的人是快樂的。教士是快樂的，貧窮的人和被壓迫的人是滿足的。

馬克思這樣說是沒有錯的：「宗教是人民的鴉片。」我完全同意這句話。你也在做同樣的事。你是我的桑雅士，你進入俗世去幫助人，使他們滿足。

把靜心帶進俗世——但靜心的意思不是滿足。沒錯，會產生滿足，但那不是靜心的出發點——那是靜心最終的達成。

第一種滿足是不利人類的，第二種滿足則是你所有潛力的達成。那就是神的王國，但那不是因為你的練習而發生的，不需要談論它，它是自行發生的。

隨著你的靜心越來越深入，隨著你變得越來越寧靜、平和、協調、處於中心、警覺、有意識，滿足會開始像影子一樣的跟著你；但那不是因為你的作為。

我不教導滿足。

但人們一直被欺騙和愚弄。你會被人們愛和尊敬，如果你進入俗世去幫助他們，讓他們因為實現欲望而滿足，那將無法使他們變得更聰敏和更有智慧。你會使他們遲鈍和平庸。蠢人總是滿足的。

你將無法讓他們的存在有所轉變，因為要有所轉變，不滿足是需要的。人必須對俗世感到非常不滿足以致於他準備要轉變，無論任何代價，他會準備要冒任何險。靜心就是冒險。因為你必須犧牲你的自我。只會是你存在，或者靜心發生了。

一般而言，你會以為：「我準備要靜心。」你不了解靜心的現象。你無法靜心。你就是障礙，你是唯一的打擾。如果你想要靜心發生，你得消失。你得放下自己是某某人物的想法。

你必需成為無足輕重的人。一旦你成為無足輕重的人，寧靜會來到，然後是滿足。不是因為俗世的一切而滿足，而是因為存在、星辰、玫瑰、海洋、岩石、山峰而滿足。不是因為成為總理或首相而滿足；不是因為成為世界上最富有的人而滿足。那和你所謂的野心世界無關。它是無野心的狀態。你只是空的，甚至自己也不存在。

只有在那個空裡面，才會綻放出滿足、才會開花——但那個滿足是神聖的。

不是因為你做了某件事，而是因為你允許它發生。你不是阻礙；你變成一根空心的竹子，一根笛子，你讓一首歌通過你。那不是你的歌。不是經過你簽署的；它是存在的歌。

進入俗世，把靜心帶進俗世。但要了解它的含義。並不是透過靜心幫助人們而使他們滿足於他們現有的狀況——你麻醉了他們，阻卻了他們的轉變，你在安慰他們：「就你的現況而言是完全沒問題的；不需要做什麼了。你已經得到超過你值得得到的。」

人們將會聽從你。

數千年來，他們一直在聽從這類胡扯。有很多原因造成他們的聽從：因為那是令人安慰的、放鬆的、不用為了成長而努力、只要維持現況。那使你待在水溝中。所有的宗教都在用不同的理論或理由向人們解釋：「無論你的現況如何，無論你處於什麼樣的狀態，只要安靜的完成你的工作，你會因此得利。」革命或轉變不會是宗教的用語。

對我而言，沒有任何真正的宗教是沒有革命和轉變的。

我想要說的是，你得先透過對神性感到不滿足來開始轉變的旅程。你必須完全對你所處的俗世感到噁心，對你依賴的人格感到噁心，這樣你才會踏入轉變的旅程。朝聖之旅的出發點必須是因為極大的不滿足。

否則人是懶惰的。如果你對他說：「沒有要去哪兒，你已經處於你該抵達的，神會照料一切。不用擔心；你能做的就是祈禱。為自己的貧窮、疾病、年老或奴役感謝神」……不然你還有什麼是可以讓你感謝神的？

任何革命都會是針對神的，因為祂是創造者和維持者。祂是全能的、無所不在的、全知的。祂可以看到發生中的、已發生的、還沒發生的——過去、現在和未來。祂可以到達世界的任何地方，祂有數千隻手。你看過有數千隻手的神：那數千隻手表示：「不用擔心，有一隻手是用來幫助你的。」祂會照料。

任何抱怨都是失禮的。任何抱怨都表示你比神還有智慧——你是在說你可以創造出更好的世界。你可以創造更散發著光的、更歡樂的、更整合的人類。任何抱怨、怨恨和牢騷都是針對神的。要懷著感激的接受奴役，用祈禱的心接受羞辱——這就是宗教的教導。這就是他們把靜心帶進俗世的方式。

這是一個古老的故事。你做的這一切不是沒人做過。所有宗教的教士都在給予相同的安慰：「維持現有的狀態。神照料著我們，這個世界和人類的一切都是沒問題的。」

我的方式是完全不同的。

不存在有數千隻手的神。即使數千隻手也不夠。現在地球有五十億人。至少需要五十億隻手——那時會看不到神，只看得到手。那會是外觀很奇怪的動物，就像章魚。看看世界，你可以知道，沒有誰在照料，一切都是意外的，沒有秩序和協調。到處都是混亂和不協調。

你能同時想像神和希特勒嗎？神是全能的：只要一隻手就能帶走希特勒。但沒有任何手出現，而希特勒殺了六百萬人。

現在希特勒是過時的。雷根可以毀了全世界，但我們仍然不知道神在哪兒。至少把雷根帶走。這樣就能證明祂的存在。

數千年來，人一直在辯論和等待──需要證明──但天空是寂靜的，沒有任何答案出現。沒人在那兒。你在不必要的等待著。

如果你想要改變，你得做點事。已經等祂夠久了，情況已經變得越來越糟。是該靠自己處理的時候了；至少為自己的生命負責。

靜心不是社會的革命，它是個人的革命。它是對個別靈魂的呼籲：你自己擔起責任。不要感到滿足，因為你裡面還有很大的潛力。你只是種子，如果種子對一切感到滿足，那會是自殺。你必須成為新芽，你必須變成大樹，你必須在微風中、在太陽底下、在月光下、在風中跳舞，你必須開花，你必須釋放隱藏在你裡面的芬芳。除非你的芬芳被釋放，否則你永遠不會滿足，那是自行發生的真正滿足──不是你創造的；它是假的。

你用某個方式說服自己「這是我的命運」。沒人有任何命運。數百萬年來一直重複的謊言變成了真理。你沒有任何命運。你的命盤只是狡猾的人剝削你的工具，因為星星不會對你有興趣。認為所有星星都和你有關是很滿足自我的──當一個笨蛋出生了，所有星星都和他有關係。

我曾在一所大學當老師，附近住了一個對占星術有興趣的教授。他是數學系的教授。我對他說過很多次：「你一定是人格分裂，因為一個研究數學的人不可能這麼笨，不可能會對占星術感興趣。你一定有兩個人格。你遲早會精神分裂；歇斯底里。」

他說：「奇怪……我沒對你有任何要求。你是來看我的，現在卻嚴厲的譴責我。」

我說：「我必須譴責，因為我整天一直都看到人們把命盤拿給你看。你看著他們的掌紋；你告訴他們會和誰結婚或不會和誰結婚。那你自己的婚姻呢？」

他說：「小聲點，她在聽我們講話。」他的妻子常常打他。

我說：「你的占星術呢？——當你娶了這個女人，你的星星沒提到這個女人會打你。」

在這個國家，每個婚姻都由占星家決定，然後每個婚姻都失敗了。我們住在奇怪的世界：你找不到一個婚姻是真的心的會合。如果你找到了，你會驚訝——那不會是占星家決定的。占星家決定的一切都失敗了。

但人會因為所有星星和自己有關而感到很安慰。神如此關心他，祂會照料他，祂依照自己的形象創造了男人。對著鏡子看著自己的臉…這是神的臉？奇怪的神。但因為人都在撰寫這種虛構的東西：「神依照自己的形象創造了男人」——但女人不是…

祂用泥巴創造了人。英文字的「人(human)」來自於humus；意思是泥巴。阿拉伯字的admi來自於亞當；admi的意思是泥巴。祂沒有用泥巴創造女人——彷彿泥巴很珍貴。用泥巴創造女人會使他們平等。所以必須用男人的肋骨創造女人。

男人想要自己是比較優秀的——雖然他是被用泥巴創造的。但女人甚至不是用泥巴創造的；她是用男人的肋骨創造的。

我聽說有三個男人在討論哪個職業是最古老的。其中一個人是教士，他說：「我的職業是最古老的，因為人做的第一件事就是向神祈禱並感謝祂。」

但第二個人說：「胡扯。我的職業更古老。」他是外科醫生。他說：「神用男人的肋骨創造了女人。我是個外科醫生，第一個手術是神進行的。在那之前，除了混沌，沒別的了。」

第三個人笑了，他說：「你說到重點了，我的職業才是最古老的。」

他們說：「你的職業？在那之前只有混沌。」

他說：「沒錯，但誰創造了混沌？」他是個政客。沒有他，當然就很難創造出混沌。神並不存在——我們仍活在混沌中，政客仍在創造它。他們不是偶爾創造了混沌；他們一直在這樣做。

靜心是個人的革命。

社會革命失敗了。曾經發生過——法國大革命、俄國革命、中國革命——都失敗了。革命的機制裡的某個部分使得失敗是注定的，因為成功推翻舊政權、舊體制、舊政府、舊社會的人都是舊社會的一部分；那是其中一個原因。他們都被制約了，他們都接受舊社會的教育。他們用同樣的工具、謊言和策略和舊社會對抗。他們之所以成功是因為他們比舊勢力更狡猾、暴力和強大。一旦他們掌權，權力會腐化他們——絕對的權力絕對會造成腐化。因為他們經過努力才掌了權，他們會做各種安排以便沒人可以推翻他們。

在蘇聯，革命是最困難的，幾乎不可能。他們封上了所有漏洞，因為他們知道自己是怎麼推翻沙皇的。現在他們不會讓其它人成功、被推翻——不可能。

在蘇聯，革命是不可能的，你甚至不能談論它。甚至不能跟妻兒談論——因為他們會向共產黨告密，以便得到獎賞。每個人都在互相監視：小孩監視父母，丈夫監視妻子。你不能信任任何人。

史達林死後，赫魯雪夫掌了權，在共產黨執委的會議中，他揭發了史達林做的一切：「我從沒看過這麼殘忍的手段。無數人被殺害；只需要懷疑就夠了。某個人打了匿名電話，說某個人是反對共產黨的，當晚那個人就消失了，不再有他的任何音訊。單是史達林在俄羅斯就殺害了一百萬人。」

台下的某個人說：「你知道這一切，為什麼以前不說？現在史達林已經死了。」

赫魯雪夫沉默了片刻，他說：「請提出這個問題的同志站起來，讓我看看你的臉。」

沒人站起來。

赫魯雪夫說：「你知道答案了嗎？你也是執委。我跟你一樣也是執委。只要站起來就知道會發生什麼事：明天就不再有人看到你。史達林死了，但他的策略必須被遵從；沒有別的方式。他會被懲罰」——但你要如何懲罰死人？

他們安排了懲罰⋯史達林希望自己被埋在列寧的墳墓旁邊，俄國革命的領導者。列寧被埋在主教座堂廣場。根據史達林的遺囑，他應該被埋在大理石墳墓中，在列寧旁邊。史達林在死前就讓人做好了墳墓。他們的懲罰是把他的身體拖出墳墓，在莫斯科街上拖行，被埋在一個離他出生地很遠的地方，他在高加索出生的。他被埋在一個普通的墳墓中，甚至沒有立上刻著他名字的碑。

赫魯雪夫對史達林的後代做了相同的事；在赫魯雪夫死後，掌權者也對他做了相同的事。

權力有一種奇怪的運作方式。它控制了人們的頭腦。所有的社會革命都失敗了，未來也不會有任何社會革命會成功，因為它的機制是自毀性的。

因此我只教導可以成功的革命，那就是個人的革命。讓個人越來越不滿足，以致於他會問：「是否有任何可以超越不滿足的辦法？可以擺脫這種煩惱？」

靜心就是擺脫不滿足和煩惱的辦法。

你必須只是成為一個看者，觀看著頭腦。

你說頭腦創造了俗世——沒錯。

但靜心不是頭腦，頭腦無法創造靜心。靜心是擺脫頭腦，變成觀看頭腦的，看著頭腦中進行的一切——欲望、思想、夢、想像，所有頭腦中持續進行的。你只是變成一個觀照。慢慢的，觀照會越來越強大，越來越集中，越來越深入根植的。你會突然了解到一件事：你和觀照是一體的，不是頭腦；頭腦跟其它東西一樣是在你之外的。

俗世是在你之外的，頭腦是在你之外的，身體是在你之外的。你是最深處的核心——一切都是在你之外的。

這種最深處的中心經驗會帶來滿足。不是你造成的；它會發生，直接灑落於你。

透過練習得到的滿足是假的。

自行發生的滿足才是真實的。

進入俗世，教人們成為頭腦的觀看者，但記住不要教他們透過欲望而滿足。我們必須使他們是更不滿足的，直到真正的滿足發生。如果你使他們滿足，那真正的滿足將永遠不會來到。你因為某個虛假的東西而滿足；那變成了障礙。

你是個心理醫師。你的妻子也是個心理醫師。你們都在一起工作。就頭腦而言，你們是專家，但頭腦必須被超越。

頭腦不是我們的遊戲，頭腦不是我們的世界。

我們的世界是超越頭腦的。

在俗世中靜心是個美麗的想法，但要正確的了解靜心是什麼——不只是理智上的，而是存在上的。經驗到某個你將會和人們分享的；否則，你會只是複誦某個東西的鸚鵡，而你對它一無所知。

我不要我的桑雅士複誦任何他們不知道的東西。除非你知道，否則最好說：「我是無知的，我不知道。」那個無知是你的，至少這是真的。從別人那兒借來的知識是貶低自尊的。那不是你的，你無法分享它——因為你沒有它。

所有你知道的一切都是頭腦的，而靜心是心的經驗。先讓你的心唱歌和跳舞。在靜心中慶祝。然後進入俗世。

奧修，你說過一個人越處於奉獻的狀態就越能了解你，這讓我害怕。我不知道什麼是奉獻。事實上，我現在知道的一切比五年前還要少。我錯過了嗎？

你在五年前知道的一切都不是知道。那就是我說的——知識。你聽到那些話語，你看過那些文字，你累積了資訊。那不是你的經驗。所以當你更接近我，那些文字和資訊就消失了。接近我的意思是成為天真的，像剛出生一樣的天真。只有從那兒開始，才可能有一個真正的新開始。

你問：「什麼是奉獻？」

奉獻是弟子的最終狀態。

通常一個人會以學生的狀態去見一個師父，他是好奇的，想要知道更多。如果那個師父剛好不只是個老師⋯⋯因為老師是一個處理資訊的人；和老師在一起，你會被灌輸資訊。和師父在一起，你被吸引了。不再是給你更多資訊；相反的，師父開始清除你以前收集到的所有資訊。

師父真的會清洗你的頭腦；那是乾洗。讓你進入一個白板的狀態，沒有對你寫下任何東西——一個純粹的意識，什麼都不知道。但當知識消失，一個奇怪的現象會開始發生：你會越來越感受到自己。你知道的一切變少了，但你是更多存在的。你開始生根，長翅膀，你的存在開始擴展。

我想到一個美麗的故事。

某個師父有個僧院。僧院有東西兩個廂院，師父住的地方就在中間。他有一隻美麗的貓，所有的弟子都愛那隻貓。有一天，師父出門了。當他回來後，兩個廂院的人為了那隻貓而爭執：當師父不在時，牠應該屬於哪個廂院，東院還是西院？看到整個荒唐的狀況，師父很錯愕。

他拔了劍對弟子說：「不論你是哪個廂院的人，給我一個來自你的存在的真實答案，而不是來自頭腦的答案。這樣才能救這隻貓；否則我會把牠砍成兩半，一半給東院，一半給西院，因為我不要這兒發生任何爭執。」

弟子們感到震驚。沒人想要貓被殺——他們了解師父。但沒人能夠給出來自自己存在的答案；他們想了很多答案，但都是來自頭腦。他們知道如果把那些答案講出來，他們的頭會被砍掉，而不是貓！所以每個人都保持沉默。

貓被砍成兩半，分給兩個廂院。

他們感到悲傷，哭泣著，回到自己的廂房，非常震驚的——不只因為貓被殺了……而是五百個弟子中，沒有一個可以給出真正的答案。

然後有個弟子，原本跟師父出去了，因為某些事而留在那兒處理，他回來了。聽到整件事後，他去找了師父並用力給了他一巴掌。

師父說：「很好！如果你在這兒，那隻可憐的貓就不會被殺了。但現在已經無能為力了；貓死了。」

整個僧院都因此感到激動——弟子給了師父一巴掌，而師父卻笑了，並說：「不幸的，你不在這兒；否則貓就不會死了。」

這是正確的答案。師父在做什麼愚蠢的事——把貓砍成兩半，那隻貓沒造成任何傷害，不需要為弟子們的爭吵負責。需要給師父一巴掌！但要這麼做，弟子需要達到奉獻的某種狀態；否則那會是侮辱。任何打師父的人都是在侮辱他；事實上，甚至沒人想這麼做過。

奉獻是弟子的狀態最終的開花。

當愛是如此深入，敬意是如此深，以致於一切都能被原諒，弟子可以掌摑師父，而師父只是大笑——因為他知道他的奉獻。他知道這一巴掌不是來自理性的頭腦，而是充滿愛的心。彷彿他用手掌摑自己——沒有任何差別。甚至說奉獻者很接近師父也不對，因為接近表示還有距離存在。

奉獻者和師父是一體的。

他的一體性不是屬於這個世界的。

我要講另一個故事——因為沒有其它的方式可以解釋。

有個師父借住在某個佛寺。晚上很冷。在日本，佛像是木製的。寺裡有很多佛像，所以他拿了一個大佛像來生火，並坐在旁邊，享受溫暖，聽著木頭的爆裂聲。

住持聽到聲音，還有那個光…他跑出房間看看發生了什麼事。無法相信看到的，讓這個流浪的師父暫住一晚，但他做了什麼？寺裡最美的雕像…他氣壞了。

師父說：「怎麼了？你為什麼生氣？坐下來。天氣很冷，這兒很溫暖；佛陀是助人為樂的。過來這兒。」

住持說：「我不會聽你胡扯。你燒的雕像是我們的世尊，我們的神。」

他說：「是這樣的嗎？他用棍子撥弄灰燼。」

住持說：「你在做什麼？」

他說：「我在找舍利。」

住持說：「你一定瘋了。這是木製的雕像，裡面不會有舍利。」

他說：「那就沒問題了。你有這麼多佛像，夜晚還很長…只要再拿一個。」

住持說：「你給我滾出去！我不會讓你留下來。我不想整晚醒著監視你，你太危險了，還想燒其它的佛像。你出去。」

「但是，」他說：「那不是佛陀。裡面沒舍利。」但住持直接把他趕出佛寺，關上了門。

師父說：「聽著，天氣太冷了，你有這麼多佛像，不會有問題。事實上，你就不用膜拜那麼多佛像了，不會有人扣你的薪水。你只是個住持，什麼都不清楚。」

但住持不開門。他說：「你走開。」

到了早上，住持開了門，他不敢相信…那個師父，燒了一個佛像還想再燒一個的瘋老頭，坐在路碑旁。他找了一些野花放在路碑上，一邊膜拜一邊念著：皈依佛。

住持走近他說：「你在做什麼？」

他說：「只是晨間早課。」

住持說：「你似乎真的瘋了！這是路碑。」

他說：「這不重要。你可以把木頭當成佛陀，那路碑為什麼不能是佛陀？問題只是有沒有獻上鮮花。你沒看到我的供品嗎？我可以燒了佛陀，因為我愛他，我了解他；我知道那個雕像只是木頭。我可以膜拜這個路碑，因為我並不是在膜拜它——那只是藉口，放鮮花的地方。無論如何，我都得在早上拜佛，這個路碑就在旁邊⋯只需要一個雕刻家，他可以把這個路碑變成佛像，然後像你一樣的笨蛋就可以膜拜了。」

「我可以看到佛陀藏在這個路碑裡。當一個雕刻家切割它，就能使裡面的佛陀出現。我愛他。我知道那只是木頭，夜晚還很長⋯我得照料內在的佛。一旦牽涉到照料內在的佛，我可以毫不考慮就燒掉外在的佛，因為那是他的教導：成為你自己的光。我的佛在發抖，那些木頭坐在那兒——不會感到冷熱，它們毫無感覺。但你因為我燒了一個木製的佛像而把我趕出來，一個有生命的佛。」

這就是奉獻。

奉獻的方式是奇特的。它不是理性的、邏輯的、可以解釋的。但它是重要的，如果你持續成長，從學生變成弟子、從弟子變成奉獻者，如此接近師父以致於沒有任何差別⋯

第三個故事將可以幫助你：摩訶迦葉，佛陀的其中一個偉大的奉獻者，已經達到一個層次，如果佛陀頭痛，他也會頭痛。在佛陀說頭痛前，摩訶迦葉會先找來醫生：「佛陀一定在頭痛，因為我在頭痛。」

醫生說：「你頭痛不表示佛陀也會頭痛。」

他說：「佛陀會⋯」，而他總是對的。

在涅槃前一天，佛陀對某人說：「我很快就會去你的城市，廣嚴城」──那個時代的其中一個最偉大的城市，其中一個佛陀最愛的城市。四十年來，佛陀經過廣嚴城幾乎二十次。他只去過鹿野苑一次。有人問他原因，他說：「那兒充滿了博學的人──沒人對自己的存在有興趣。那是充滿學者和梵學家的城市；去那兒是浪費時間。」他沒再回去過。

他對這個人說：「幾天後，我會去廣嚴城。」

摩訶迦葉正坐在那兒。他說：「不要相信他。他活不久了。就我來看，他會在兩天內死掉。」如此深的同感⋯那不是共感。在同感中，你會有同樣的感受，完全一樣──彷彿一個靈魂活在兩個身體中。

佛陀看著摩訶迦葉說：「這樣不對。你不該說出來。」

摩訶迦葉說：「何必給一個你無法實現的承諾？」

那個來自廣嚴城的人說：「奇怪⋯佛陀說：『我會去』但你說他不會去。然後你們互相爭論！」

摩訶迦葉說：「如果你不信，待在這兒。沒多久就知道了。」佛陀後來就在摩訶迦葉說的時間涅槃。

那個來自廣嚴城的人問佛陀：「你為什麼不讓摩訶迦葉說出來？」

佛陀說：「我知道我快死了，他也知道——但他和我是如此合而為一，對他而言，我是死是活並沒有差別。但對你而言，我的死會使你在回家的路上產生不必要的痛苦。出於慈悲，我要他不要說，但他不理會任何人。因為他是對的，我無法太堅持什麼。」

佛陀在早上涅槃——十五分鐘後，摩訶迦葉也死了。這就是奉獻。他們的心如此和諧一致的跳動著以致於另一方不可能繼續活著；靈魂也離去了，只有身體還在。

佛陀還有很多偉大的弟子，但沒人是像摩訶迦葉這樣的奉獻者。他的死證明了——當每個人都在準備火葬堆，人們在哭泣落淚，摩訶迦葉則閉上雙眼辭世了。

奉獻是弟子最終的狀態——當你和師父合而為一，當露珠掉進了海洋，和它合而為一。

奧修，我和你在一起越久，我就越難定義任何事或任何人，包括我自己，或者師父和弟子。我常以為我知道這些文字的意義，但現在我甚至不知道自己是否是你所說的弟子。是否可以請你解釋發生了什麼事？

我剛回答了：你越來越接近我，也許你會變成一個奉獻者。但不需要跟我一起死！

第三十四章
不成為，最大的狂喜

奧修，多年來參加你的講道，隨著時間經過，你似乎越來越充滿空。我知道這似乎不合理，但是否有可能你變得越來越空？

那正是妳名字的意義。shunyo 的意思是空，英文的「emptiness」並沒有那個意思。那個英文字的涵義是負向的：缺少了某個東西。

梵文的「空」有兩個意思：缺少了某個東西，同時充滿了某個東西。

例如，這個房間都是人。當你們都離開了，可以說：「這個房間現在是空的」——那是負向的涵義。也可以說「現在這個房間充滿了更多的空間。」人們占據了空間；當他們離開，這個房間是寬敞的。當人們在這兒，就有比較少的空。當人們離開了，就有較多的空。

「這個房間是充滿空的」——這是文字的正面。但負面則擁有無窮的重要性，因為存在中的一切都來自於空。所以空不可能只是空無一物的。

如果你用刀切開種子，你不會看到葉子、花朵和芬芳。但把它種在正確的土壤中，花朵會出現，葉子會出現，芬芳會出現——哪兒來的？我們無法從種子裡面找到；就我們能看到的，種子是空無一物的。但種子一定充滿了某個我們看不到的東西。充滿了各種將會發生的可能性：葉子、枝幹、花朵、顏色、芬芳——都在那兒。

對於那些尋找奇蹟的人，有個名字是很重要的。奇怪的是那個名字來自於蘇聯。有個攝影師——他的一生都在開發敏感的鏡片和模板。它們是如此敏感以致於可以捕捉到某些未來的東西。因為未來不會是不存在的——它也許是看不見的，但透過某個方式可以使它出現。下一個片刻不可能來自於負向的空。它只會來自於充滿，只是我們看起來是空的，因為我們沒有敏感到可以看見那些無形的。

他成功了；他開發了一種攝影術，被稱為「克里安」；因為他的名字是克里安。他拍了一張玫瑰花苞的照片，那張照片出現了完全綻放的花朵。他透過照相捕捉到了未來。當那個花苞在幾天後開花，令人驚訝的是它就跟克里安在花朵出現前所拍的照片一樣。那朵花確實處於存在中，只是我們看不到。我們不是很敏感，我們的雙眼不是很有穿透力，我們的洞見不是很深遠。

他為將要生病或死亡的人拍照，捕捉到他們的未來。他告訴他們：「你將要得到癌症。」專家很困惑，因為沒有任何症狀，那個人是健康的；沒有任何跡象顯示他將會得到癌症。他們做了很多實驗，但沒找到任何顯示會得到癌症的證據。克里安說：「六個月內，這個人將會得到癌症；他的照片證明了」——六個月內，那個人得到了癌症。癌症顯然已經在存在的某個地方，那個人的生理存在的某處；我們只是沒有儀器和能力去深入未來。

克里安為那些快死掉的人拍照，然後說：「這個人快死了，因為他的照片顯示他已經死了。」但那個人是充滿活力的，正值青春年華。他會死掉的想法似乎很荒謬。

剛開始，醫生否定了克里安，認為他是瘋子。照片如何能拍攝到屬於未來的？你可以拍攝到某個正在相機前的東西。未來不在相機前——但那個年輕人死了。

傳統的科學家花了三十年才接受了克里安，因為除了接受，沒別的方式。克里安說的只不過是一切都來自於看不見的空。你什麼都沒看見，那只是表示你的洞見不夠深遠；空其實有它的充滿。

他還證明了一件事，有趣且有很深的暗示。如果我有一根手指被切掉，然後他拍了照，在他的照片中會出現五根手指。即使那根被切掉的手指也會出現在他的照片中，只是和其他的手指會有點不同。其它的手指會是完整的；這根手指只會是能量的氛圍，顯示曾經有根手指在那兒，一根真正的手指。那根手指被切掉了，但它靈性的部分還在那兒。你無法把靈性的部分切掉。

神秘家已經說了好幾世紀，你可以砍掉一個人的頭，但你無法砍掉他的靈魂。他們沒有克里安的照相器材，但他們有一個深遠的洞見，一個靜心之眼。

亞歷山大大帝威脅過一個桑雅士，如果不跟他回去雅典，就會砍掉他的頭。他拔了劍，那個赤裸的桑雅士笑了：「砍了它，不要猶豫。不要有罪惡感——因為我命令你砍了它。我一直想要看到我的頭掉下來，你給了我這個機會。你會看到我的頭從身體掉到地上；我也會看到。你無法砍掉我的意識，我的觀照，我的看。」

這是亞歷山大大帝生平唯一一次把劍收回劍鞘。你不能殺這樣的人，不嚴肅的看待一切，甚至使你沒有罪惡感：「不是你要這麼做。是我命令你的。這將會是很有趣的經驗。我一直想要看到我的頭掉下，但沒人來砍。你剛好經過，神賜的禮物。但不要把劍收回劍鞘。」

亞歷山大說：「很難殺這樣的人，一個不怕死的人。」

神秘家們持續的、堅持的、一致的說世界來自於無物。

神創造了世界的想法是幼稚的。

因為我們無法想像世界來自於無物，我們必須創造出神話，假設神創造了世界。沒人問過神從哪兒來的——祂去哪兒了？因為在祂創造了世界六天後，就沒聽到任何消息了。

祂做了一個很棒的工作——六天就創造了這團混亂。

後來就沒聽到這傢伙的任何消息…來自於無物，在無物中消失。

這個問題是必要的：創造世界前，祂在做什麼？祂一定永恆存在著，什麼事都沒做——甚至沒抽根雪茄，因為世界還沒被創造出來。想想這個可憐的傢伙。永恆不是很短的時間。

如果祂可以創造世界，那為什麼等了這麼久？為了誰？因為某個占星家告訴祂：「現在是時候了」？

我在印度曾住在其中一個最老的國會議員的家。很難不跟他住在一起；他會感到難過…

但我從沒想跟他住在一起。問題是他相信占星術。當我要離開他的家，他會諮詢占星家。火車走了，飛機起飛了；沒人在乎占星術。飛機會在半夜起飛，但占星家會建議我應該在日落前離開。所以他會在日落前送我到機場，然後我得在那兒待六小時。

我告訴他：「你在欺騙星星。你覺得它們是笨蛋嗎？」

他說：「這是占星家建議的——你應該出發了。而你出發了，離開房子了。」

我說：「你知道，我知道，占星家也知道，飛機會在半夜起飛。現在我得在機場等六小時！我們三個人都知道，但我們試著要欺騙無數的星星。我不認為你會成功。你只是在折磨我；所以我才不想跟你住在一起。因為火車……我得在火車站等數小時。」

我說：「當我要去你家，我不會詢問任何占星家——我直接跳進計程車，直達你家。」我沒有事先告知他，如果我這樣做，他會派秘書來，使我在火車站等：根據占星術，得在幾點到達他家……我等多久並不重要。

當他死了，我感到很安慰，因為整個占星術也跟他一起死了。

神只是一個用來安慰我們的頭腦、邏輯和理智的假設——因為想到全世界來自於空，來自於無物，這似乎是荒謬的、不合理的。

但神秘家都同意。其中一個最偉大的神秘家，奠定瑜珈科學的人，派坦加利，他說神是個假設，不是事實，不是真理。世界來自於無物——但那表示無物不只是無物。無物不表示什麼都沒有。

無物只是意味著一個看不見的、充滿的子宮。

世界從中而生，然後再次在同樣的無物中消失。

一顆小種子生出了一棵大樹，帶來了無數顆種子。

他們說即使只有一棵種子，也能使全世界變成綠色的，因為一顆種子會帶來無數顆種子，每顆種子都跟誕生它的種子一樣有潛力。在誕生了無數顆種子後，漸漸的，樹木開始消失——花朵消失了，枝幹和葉子消失了——然後有一天，樹木消失了。

我們的整個旅程就是從空到空。

我確實變得越來越空——換句話說，越來越充滿空，越來越浩瀚廣闊。

最終，一個人得變得像整個宇宙一樣的浩瀚廣闊。

那正是露珠消失在海洋中的時刻；或者更佳的，海洋消失在露珠中。

其中一個最偉大的神秘家，卡比兒。他寫了…在年輕時寫了兩句話：「朋友，我一直在尋找真理。但從未找到；相反的，尋找者消失了——就像露珠落入了海洋。」

當他老了，再次修正那些話。他說：「朋友，我尋找著真理，但從未找到；我失去了自己。尋找者消失了，就像海洋消失在露珠中。」

後者是更成熟的、更有意識的、更警覺的卡比兒。但無論你怎麼看——露珠消失在海洋中或海洋消失在露珠中——意思都是一樣的。

純粹的、真誠的宗教性探詢不是尋找，而是失去——尋找的概念仍是貪婪的。尋找真理、神或最終的——這個想法仍含有貪婪。

真正的神秘家，真正的宗教人士，會尋找一個失去自己的方式，如何不成為——因為那少數達到「不成為」的被選上的人，都經驗到最大的狂喜。整個朝聖之旅就是從「成為」到「不成為」。

妳的感覺——妳和我在一起很多年——是完全正確的，我變得越來越充滿空。我的存在變得越來越是一種不在。我存在，也不存在。

我消失的越多，就能給予更多的幫助。

俗世中的神秘家之所以失敗是因為他們不能助長你的貪婪。宗教之所以成功是因為它們不遵從神秘家的教導，它們遵從教士狡猾的頭腦。教士知道什麼會吸引你；教士隨時要給予任何會吸引你的，當然，他無法在此岸給予，但他可以承諾未來和天堂。

了解每個宗教對於天堂的概念和比較它們是很重要的。你會對它們如何剝削人們感到驚訝。

例如，印度的地獄是永恆的烈火。印度是炎熱的國家。你無法在地獄找到冰塊或冷飲；那不可能。但在印度的天堂，它一直是涼爽的。過去沒有空調的概念，但根據他們的描述，那幾乎就是空調：清新涼爽的空氣，整天都一直是早晨般的清新和涼爽。太陽不會是炎熱的。它只是給予光，沒有熱度——印度人一直承受烈日之苦——還有冰涼的河流……

印度的宗教是不利女人的；印度所有的宗教都反對感官的享受。但在天堂──沒人看到那個矛盾──聖人可以在那兒有各種感官的享受。美麗的女人…克利歐佩托拉、諾珈涵、姬蔓芭奴、海瑪瑪利妮…越偉大的聖人就會得到越美的女人。

我聽說當慕克塔阿南達死了──這不算歷史，就在幾年前發生的──他的一個門徒，非常的絕望，自殺了。「沒有慕克塔阿南達，生命就沒意義了。」他的死不是一般的死，而是神聖的；他為了師父犧牲了自己。直接抵達天堂，在一棵樹下，他看到慕克塔阿南達赤裸的躺在那兒。剛開始他想要閉上眼睛，因為這是不對的──舊習慣。他才死沒多久，一個美女…後來他發現那是瑪麗蓮夢露，和慕克塔阿南達，彼此交纏著。

剛開始他想：「這是不對的；不應該這樣。」後來他想到在天堂，你的美德會被獎勵。所以這一定就是獎勵。而他的師父當然是其中一個最偉大的師父。所以他走近並觸碰他的腳──師父正在做愛，他觸碰了師父的腳說：「師父，我從沒想到你如此偉大，可以得到這麼美的女人。瑪麗蓮夢露！──連甘迺迪都在追求的女人。但這是你應得的。在神的住所，正義總會來到。」

瑪麗蓮夢露說：「你這笨蛋，我不是他的獎勵，而是他是我的懲罰！」

但所有的宗教都在禁止…性是罪；但在他們的天堂中，它變成了獎勵，沒人看到這個矛盾。如果這在天堂是獎勵，那就練習它，做些功課，做好準備！你練習用頭站立和瑜珈體位法，那在天堂沒有用。除非你決定要去地獄…那由你決定。也許在地獄中，他們會要人們用頭站立，只是為了折磨他們。

我從沒聽過或看過任何經典提到人們在天堂會用頭站立。何必練習它？練習其它會有幫助的。

但我的人都在練習做正確的事。

這是個小地方，你可以把這兒當成學校。

為了所有的愉悅訓練自己。

回教徒譴責酒精：那是很大的罪。在他們的天堂中，你找不到水——所有河流都是酒精形成的。現在，任何沒在這兒練習過的人一定會病倒；天堂會變成地獄。你甚至無法得到水，只有最好的香檳。飲用它、在它裡面游泳、讓它淹沒你、做任何你想做的。那是個獎勵，獎勵那些在人間持戒的人，獎勵沒有碰過任何酒精飲料的人。這是個奇怪的獎勵⋯⋯

你會無法想像回教、印度教、基督教和猶太教的地獄和天堂的差別有多大。但它們有個地方都一樣：都在進行矛盾的講道。

在回教國家，同性戀是很大的罪，如果你被逮到現行犯，你會被斬首——沒有別的懲罰，你會被殺。你沒機會改變性取向。但在回教的天堂，聖人可以得到美麗的男孩。我無法相信。似乎寫下這些書的人是把自己無法達成的慾望投射到天堂：同性戀是天堂提供的獎勵。

無論人們想要什麼，教士都隨時準備要剝削和操縱他們的慾望、本能和生理。他們玩兩面手法：在這兒壓抑那些對你而言是自然的，然後你就能在天堂得到千倍的同樣獎勵。那是好的交易，這純粹是生意，一石二鳥。在這兒壓抑：壓抑慾望的人一定會是痛苦的、持續憂慮的、緊張的，因為他們必須和自己對抗。他們的生命是個夢魘。因為他們是痛苦的、憂慮的、生命像個夢魘，所以一定會希望得到教士的安慰，提醒他們：「不用擔心，只要再忍耐一段日子，豐厚的獎勵在等著你。」

如果人們是喜樂的，誰會在乎教士？誰會聽從他們？誰有那個時間和精力？不需要。只有痛苦的世界才會有印度教、回教或基督教的分別。快樂的世界不會有基督教或印度教的分別。對教士的需要和渴望會直接消失。

所以教士在做兩件事：首先，他確保自己的職業可以剝削你，確保你不會反抗自己的痛苦——「等待，要有耐心；你越有耐心，就會得到越多的獎勵。」

宗教犯下了最大的違反人性的罪行，而教士是最惡劣的罪犯。他們奪走了你的喜悅、歡笑、歌聲、舞動和愛。他們毒化了生命中美麗的一切，給了你在其它世界會有的虛構的獎勵。沒人回來證明這些人說的一切是對是錯。而且他們說的都不同，不可能都是對的。但可能都是錯的。

我基本的態度就是，存在來自於泛濫溢出的無物。
然後會有舞動、歌聲、愛和花朵——這會是存在的白晝。
然後是剩下的時間，夜晚——存在再次消失在無物中。
然後又會是白晝，又會有歌聲、鳥鳴和日出。

存在之輪持續從存在轉動到不存在。不存在是剩下的時間，因為那是剩下的時間，所以它是最美的。那是放鬆、寧靜、平靜和消失。

我無法給你任何虛構的想法，我無法說你將會得到這個和那個。我只能對你說，你將會消失。

幫助你自己。不要執著。當消失的時刻來到，喜悅的接受它，歡迎它。你已經學到生命中最重要的秘密。

奧修，我常問自己，桑雅士對我的意義是什麼。我看過你的書，有時候會看你的影片或聽你的錄音帶；大多時候只是停留在表面，某個觸碰到頭腦的。但自從走上跟隨你的路，我的一生改變了，而今天下午是我第一次看到你。請告訴我一些關於桑雅士的和接下來要做的。

文字只能觸碰到頭腦。

你的心無法和文字有任何聯繫。

頭腦是表面上的，非常薄；那是你人格的圓周，表面上的。沒有任何深度。

但你來到這兒——頭腦可以做到這樣，這已經超過它能做的。但那就夠了。感謝頭腦；

它把你帶來這兒。

當你更接近我，我的存在會開始觸碰你的心，我的空會開始觸碰你的存在。

我的話語會持續和你的頭腦玩耍，這樣頭腦就無法阻止我的存在進入你的心，就無法阻止無物進入你的存在。你的頭腦和文字纏鬥著，但在那之下，真正的工作正在進行。

桑雅士就是更接近師父。過去的定義是遠離世界，放棄世界。對我而言，那個定義是個災難。你可以放棄世界，你可以逃到山上——但你要去哪兒？因為無論你去哪兒，都會是和自己在一起，你就是問題。

世界不是問題。

深山不是解答。

我看過住在山裡的人們；他們沒有變成佛陀。我生活在俗世，沒有放棄任何東西——事實上，我沒擁有任何東西。我不帶一物的來到這個世界，也會不帶一物的離開這個世界。在來去之間，我只是記著沒有任何東西是屬於我的。沒有放棄的問題。放棄的想法表示你相信你擁有它，你占有它，那是你的。

我們赤裸的來到，也會赤裸的離去。

只是在來去之間，可以使用這些東西。

如果你沒占有它們，使用它們就不會造成任何問題。如果你沒執著它們，使用它們就不會造成任何問題。你搭飛機或火車來到這兒——但你不會占有火車，當你離開火車，不會對火車站的人和乘客說：「我現在要放棄這輛火車。」你會被當成笨蛋。火車不是你的；你只是用了它。

世界不是要被放棄的，因為它不是你的。

我沒放棄過任何東西，因為我沒擁有任何東西。我只是用了每樣東西，我會繼續用它們，直到最後一口氣。我不認為這有任何問題——一個人只需要記得他只是在搭火車去旅行。

但我看過很多笨蛋——他們會在火車的洗手間刻上自己的名字。笨蛋就是笨蛋；能怎麼辦？那樣做並不會讓火車變成你的。

我喜歡看飛機、火車、機場或火車站的洗手間的塗鴉。那會顯示出我們和哪些瘋狂的人類生活在一起、他們造成了什麼麻煩。你在機場的洗手間塗鴉，浪費了自己和清潔工的時間。

桑雅士的舊觀念是放棄世界。放棄的想法是錯誤的；那是逃避世界。你要逃去哪兒？沒人想過，無論你在哪兒，那都是世界。你無法逃離世界。

這個想法不是很久以前才有——三百年前，人們相信世界就像烤餅，你可以跳出它；會出現一個地方標示著：盡頭。並非如此，它是球狀的。無論你逃到哪兒，都會是世界的一部分，你無法離開它。你的聖人也沒有逃離世界。

事實上，他們比你還依賴世界——因為你得給他們食物和衣物，他們是不事生產的。你得提供所有他們需要的。他們只是在吸你的血，他們是寄生蟲。你把這些寄生蟲稱為聖人——他們沒有到了世界以外的地方，他們仍在這兒。

印度的其中一個宗教，耆那教，它的創教者馬哈維亞說：「你們的桑雅士將會變成世界的負擔，因為你不讓他們做任何事，原因是就某方面而言，每個行為都包含了某種暴力⋯⋯」

你會很驚訝，馬哈維亞反對性的原因和其他宗教不同。他的理由是性會使無數的精子死亡。那是種暴力，他不在乎性。如果你研究他的理由，他反對的不是性。他反對做愛是因為那會殺死無數的精子。

一旦精子離開了男人的身體，它的生命只剩下兩小時。每一次射精都會釋放數百萬個精子，偶爾會有一個精子接觸到女人的卵子。那個通道對你而言似乎很窄小，但對精子則非如此。性學家測量過：如果精子等於人的大小，那個通往子宮的通道會相當兩英哩。所以每個精子都得游兩英哩——對一個小靈魂而言，那是個漫長的旅程。

馬哈維亞是慈悲的：「不要殺掉這些可憐的傢伙」——雖然他不知道它們終究會被殺死。他反對任何行為，甚至耕種。所以耆那教徒不耕種——因為你得砍掉樹木和植物，那會是種暴力。

你不能成為戰士或士兵。而婆羅門不會讓你成為婆羅門。婆羅門只能是婆羅門所生的。你不能當一個婆羅門，無論你多麼博學。

所以自然的，所有耆那教徒都變成了商人。沒有一個不是；那似乎是最不暴力的。但並非如此。因為他們變成全國最富有的人——那表示和別人相比，他們吸了更多的血，剝削得更多。似乎因為他們無法用其它方式施展暴力，所以他們的暴力都訴諸於可憐的客人。

馬哈維亞不斷說：「你們的桑雅士會是個負擔……」

因此他主張：「我的桑雅士不能在一個地方待超過三天。」在孟買，耆那教的僧侶……一旦他們到了孟買，就不會再離開了。當我在一九六零年初次來到孟買，我感到困惑：「怎麼回事？這些人應該只能停留三天。」

他們說：「他們有離開；從這個地區到另一個地區，從達達爾到馬圖加，從馬圖加到馬里內。他們一生都在孟買內不斷換地方住。但他們不會離開孟買，因為沒有其它地方比這兒舒適。」

人的頭腦是如此……它會找到任何漏洞。

馬哈維亞以為他的安排不會使他的桑雅士成為人們的負擔。他錯了——他可以到孟買看看。事實上，如果他到了孟買，他就不會再去其它地方了。他也會照著那些人的路線走。

這些人從未離開過世界，所以逃離世界的想法是完全無意義的。他們活在世界中；只是變成了寄生蟲。

我對桑雅士的定義就是接近一個師父，接近光。你的蠟燭還沒被點著。把蠟燭靠近另一根燃燒中的蠟燭，火焰會跳向那根未點燃的蠟燭，你突然被點亮了。美麗的地方在於，燃燒中的蠟燭沒有失去任何東西，而未點燃的蠟燭得到了一切——整個宇宙。

桑雅士就是從黑暗走向光明的旅程，從死亡走向永生的旅程，從無知走向知道的旅程。

書本或其他媒介只是一個灑到海裡的網，希望可以捕捉到某個人。那些被捕獲的人，當他們靠近師父，他們的生命會開始轉變。他們可能不知道發生了什麼，可能無法解釋發生了什麼，但他們的生命會經歷過一千零一個轉變。

必須記住，不論是透過書、廣播、電視或電影——只有當師父還活著時，話語才是有意義的；否則它們只是用知識增添你頭腦的負擔。

如果你夠幸運，在正確的時間被師父的網捕捉到，那就不要猶豫，接近他。接近時會恐懼，因為累世以來，你一直活在黑暗中，現在要待在光裡面，你的雙眼會感到不舒服。你死過很多次，所以永生的概念對你而言是無法想像的。你的一生被謊言圍繞著——接近一個師父的意思是拋棄那些謊言，因為它們是你和師父間的障礙。無論你認為它們有多珍貴，無論你認為它們有多古老，在你了解真理之前，都得先拋棄它們。

因此，我常說：這是賭徒的方式。

現在你在這兒。不要成為一個商人。記住你來這兒是為了失去自己，不是為了得到某個東西。如果那個記住在你的內在中持續著，你也許會找到捷徑，透過一道新的光、一個新的生命和一個新的喜悅而燃燒。

奧修，最近這幾年，某個和你最深入的、最有意義的、最壓倒性的會合一直透過夜晚的夢發生著。每當它發生，我就被留在最無法解釋且壓倒性的喜樂和寧靜之浪中，雖然那

不是因為我做了什麼才發生。

是否可以請你解釋你如何在夢中和我們聯繫，在那個狀態下，要如何對你的存在更敞開和更有接受性？

我想到一個埃及國王，他發布了一個命令，全國上下不能有任何人進入他的夢，如果有人試著這麼做，他會被斬首。

臣子們不敢相信——要如何讓他相信沒人會進入他的夢？那是你的夢，是你投射的。他們很害怕，因為他們常和國王在一起；他沒看過的人當然不會出現在他的夢中——除了這些人：王后、首相、臣子都聚在一起。他們說：「這太危險了。這個人隨時會殺了我們，但我們是無辜的。甚至不會知道他夢到我們，那是他的夢。」

然後有幾個大臣被他殺了；隔天早上被斬首——「這個笨蛋不聽從我。他昨晚影響到我的睡眠，進入了我的夢。」

最後他們都聚在一起，他們說：「你不了解一件很單純的事：沒人會進入任何人的夢。要怎麼進入？你是被士兵保護的，你的房間是關起來的，從裡面關起來的。誰能進入你的夢？而且那個夢在你的內在中發生——你認為這麼巨大的人可以進入你那小小的頭顱嗎？」費了很大的努力才讓他相信那是他自己的投射。

我沒進入你的夢。請原諒我。

你愛我，是你未達成的慾望在接近我。夢只是未達成的慾望。它們是很有幫助的、仁慈的，使你的睡眠不被打擾。

如果你的膀胱裝滿了尿，你會夢到自己在廁所。但你並沒有去任何地方，你在床上——但在夢中，你會感到如釋重負。那會保住你的睡眠；否則睡眠會中斷，你得起床去廁所。夢會使你覺得不需要去任何地方。你肚子很餓，夢到被朋友邀請，眼前是你喜愛的美味佳餚——那是你頭腦的策略，以便睡眠不被影響。

人們通常認為夢是個打擾。並非如此。心理學家最近發現到夢不是打擾；事實上，它們會避開打擾。它們會創造出幻想的滿足感。

當你是清醒的，自然無法對我這麼敞開，因為你會想到很多事：有時候敞開是很尷尬的。你有這麼醜陋的念頭，最好還是別自找麻煩。

但在睡眠中就不會有任何恐懼。我是你的夢的一部分，你的頭腦的一部分。我不在那兒。你可以更實在的、更真誠的敞開你的無意識——不會有任何恐懼，因為那兒只有你。

那是佛洛伊德其中一個對現代人的偉大貢獻：他從不相信你說的，他相信你夢到的。他不會太在乎用來問你的問題或質問你；而是直接對你說：「你躺在沙發上。」他不會看著你；他會坐在沙發後面，這樣你就看不見他。然後他會說：「你只要放鬆，幾乎快睡著了，開始說任何你想到的。不用擔心會被怎樣解讀或批評。我不會批評或解讀。這只是在卸下你的負擔。你只要說話，好像在對自己說話，讓我知道你的夢。」

他會更在意那個夢的一切，而不是那個人的解釋。

剛開始是奇怪的，因為沒人這樣做過——何必擔心夢？夢只是夢；它們沒任何意義。佛洛伊德說：「它們的涵義超過你的了解。你在清醒時說的話都是篩選過的，你的頭腦一直在過濾：要說什麼，不說什麼，如何表達自己，如何表現自己最好的一面。在夢中，你是更放鬆的。熟睡時，你是更真實的。奇怪⋯你的夢比你還真實。」

去聆聽你的夢。你在夢中對我說的一切必須直接對我說，但你沒這麼做。未完成的工作會在夢中完成。

但夢是非常有意義的。注意它們；把它們寫成日記，寫下你的夢。當你早上醒來，三秒內，你會開始忘掉你的夢。所以如果你真的想記住它們，當你起床後，第一件事就是立刻記下逐漸遺忘的夢——因為那會是剩下的。你得倒轉；先是尾巴，然後是大象。你會獲益匪淺，因為這會讓你了解到你的無意識，那會為你的無意識帶來光明。你會了解到很多你一直在做的事，你無法解釋為什麼這麼做。

你一直愛上特定類型的人——為什麼？也許夢可以讓你知道原因。你一再罹患同樣的疾病——為什麼？也許夢可以為你揭示。

如果人們可以了解自己的無意識，將能卸下喜馬拉雅山大的負擔，他們會感到很輕盈。除非這個無意識被卸下，否則你將無法超越意識，無法進入超意識。唯一的方式就是進入超意識去卸除無意識。在中間有個小地方，有意識的頭腦就在那兒，你依賴它生活。

但你可以把事情強加到無意識。在一天二十四小時中，你不知道扔了多少垃圾到無意識裡——你的無意識不是廢紙藍，但你這樣用它。它變成雜亂沉重的，而它壓抑的每個片段持續影響你有意識的生命。你持續做同樣愚蠢的事。你決定不做它們，但卻重複做，因為那不受你控制，而是被無意識控制著。

記住夢。寫下來，試著了解它，那會是自我心理分析。沒有任何心理分析勝過自我心理分析，因為如果你被某人分析，他的頭腦會介入。他會解讀，然後事情變得更複雜。

我聽說有個富人被一個很忙碌的心理醫師進行心理分析。他收費很高，但富人很有錢，他一直來——兩小時，三小時⋯心理醫師無法拒絕，因為那個人付了錢，但那很無聊。最後他說：「我有了結論。你需要更多時間，而我需要更多病人，所以我會打開錄音機。你可以對錄音機說話，想說多久就多久，到了晚上，當我有時間，沒事的時候，當我輕鬆的躺在床上時，我可以比在辦公室更不受影響的聆聽。」

富人說：「那很好，沒問題。」

隔天當心理醫師進辦公室時，他看到富人正要離開。他說：「你要去哪兒？」

富人說：「因為你的想法——我昨晚對錄音機說了一切。現在我的錄音機在對你的錄音機說話。我的錄音機正躺在沙發上，你的錄音機正坐在椅子上。你自由了，我也自由了——讓那兩個笨蛋做任何想做的。」

別人無法聆聽你腦中的所有垃圾——而你整晚都夢著它！在八小時的睡眠中，有六小時在作夢。只有兩小時沒有，而且不是連續的時間。這兒有幾分鐘沒作夢，那兒有幾分鐘沒作夢，否則整晚都會在作夢。

剛開始人們以為如果夢越少就睡得更好，所以他們對很多人做了一個實驗。每當你在作夢，你的眼睛會移動，所以從外在就能判斷你是否有作夢。當你沒作夢，你的眼皮會是靜止的。

當你在作夢，你是在看電影——你的眼睛自然會往內移動。所以他們做的是，每當有人在作夢，他們就打擾他，把他叫醒。如果他沒作夢，就讓他睡覺。奇怪——他們不讓他作夢，但讓他睡覺，只是到了早上，那個人會非常的疲憊。然後他們做了相反的事——當他沒作夢時，把他叫醒。每當他在熟睡，就打擾他，叫醒他，但他們會讓他作夢。這是一個偉大的發現：如果他可以作夢，到了早上，他會是有活力的、朝氣蓬勃的、精力充沛的。數千年來的舊觀念認為夢是個打擾，被證明是錯誤的。

夢有很大的幫助。它是個釋放。

你是個治療師；所以會了解更多。讓你的夢變成心理分析，自我心理分析。特別是當你看到我，然後某件事開始在你內在中顯現，就記住它，把它寫下來。如果你覺得那是某個應該要告訴我的，就提問。不要害羞或尷尬。

你不該提出理智上的問題，提出來的問題必須顯示出對心靈成長的真實渴望。

第三十五章
巴關羅傑尼西，彌勒佛

奧修，這是個問題、了解還是宣告？

某個來自彼岸的力量迫使我寫下這些話；雖然我寫下這些話，但這些話不是來自於我。現在已經過了午夜，大約是凌晨五點，今晚是印度的滿月夜，所謂的「巴德拉月的星期四」，印度語稱為賢師節。

我正在內觀。當我張開雙眼，一道令人目眩的光芒照亮了整個房間。光是如此炫目以致於我無法繼續張開眼睛。幾分鐘後，我才能張開眼睛並意識到周遭的一切。

兩個形象出現在我面前：一個是鍾愛的巴關，雙手合十並帶著溫和美麗的笑容；另一個是持智慧印的佛陀。那是佛陀的第三個身體。

佛陀看著鍾愛的巴關，幾個片刻後，他碰觸了巴關的腳，一邊微笑一邊融入了他的身體。

我聽到佛陀說：

「我已經實現了我的承諾。兩千五百年後，我將以彌勒的身分出現，現在我來了。如果你有眼睛，你可以看見我；如果你有耳朵，你可以聽見我；如果你有一顆心，你可以感覺到我、認出我。我一直將我的第三個身體保留在存在中，以便為了任何需要我的幫助的人再次出生。」

「本著我的敬愛，我必須說我原本可以和克理須納穆提合而為一，但因為他堅持他的固有性，因此我無法和他合而為一，無法透過他去幫助人們。他為了我的出現而被準備好，我因此抱著希望——但是他很固執。由於拒絕接受我，他的身體承受了很大的痛苦。他寧願選擇無法忍受的痛苦、承受這些痛苦。」

「如果我的第三個身體無法重生或和其他身體合而為一，它將無法繼續留在存在中。已經到了我必須做決定的時刻，因此我不能再等了，我讓我的第三個身體融入到巴關的能量中，同時不影響到他的個體性。」

「他就像海洋；很多大大小小的河流融入到裡面，但海洋仍然存在，不受到影響。他仍然以海洋的本體繼續存在，沒有任何改變。」

「在他裡面，所有的成道者——過去的、現在的和未來的——都活了起來、都變成活躍的；一個以前從未發生過的獨一無二的事件，以後也不會再發生了。」

「巴關全然的接受，全然的空，全然的無物，無邊無際的慈悲。他是充滿和空無的化身。」

「對我的第三個身體而言，我稱呼他「巴關」，但從現在起，他不再只是「巴關羅傑尼西，」他將會是「巴關羅傑尼西，彌勒佛」——一個佛，一切萬物的朋友。」

說完後，佛陀的第三個身體和我們鍾愛的、美麗的巴關合而為一。

巴關的光芒不斷增加，充滿了整個宇宙。

我想起了大寶法王噶瑪巴的預言，他曾經預言這件事的發生，但是他要我不能說出來，直到這件事發生。

現在它發生了，花朵已經灑落了。

讓所有人知道吧，對所有人吶喊，巴關羅傑尼西，彌勒佛，就在這兒；佛陀實現他的承諾了。

光慢慢變淡，滿月帶著它清涼、寂靜、慢慢消失的光芒漸漸西沉；太陽開始從東方升起，帶著它橘黃的強光，靜靜的帶來了新的一天，開始了新的旅程。鍾愛的、美麗的巴關，帶著他美麗的微笑和合十的雙手，漸漸消失，而我被留在溫和的晨光下，心中充滿了感激，雙眼充滿了淚水。

鍾愛的奧修，我向你頂禮，向全世界宣稱，巴關羅傑尼西，彌勒佛，就在這兒，花朵已

經被灑落了。

過去都是師父宣稱自己，但現在，一個弟子懷著感激的宣稱：一個佛，一個真正的朋友，帶著新的光芒來幫助人們。

鍾愛的奧修，我沒有任何東西可以給你——甚至一朵花也沒有——但我又給了一切。某個東西被給予了，某個東西被拿走了。

噢，在這兒的鍾愛的桑雅士、奉獻者和朋友們，聽到這個宣告和見證這個獨一無二的事件的你們是被祝福的。

噢，桑雅士，歡笑吧、慶祝吧、唱出來吧：「皈依佛，皈依法，皈依僧。」

鍾愛的奧修，我不得不寫出這些話，因為某個未知的力量強迫我寫出來。我不知道這樣是否正確。

是否可以請你評論？

戈敏悉達多，這不是一個問題，它是個了解，它是個宣告。

你經驗到的一切不是夢。你的一生可能是個夢，但這個經驗是完全的實相。那就是為什麼你感覺到有一股未知的力量強迫你宣告這件事，你必須宣告——真理是無法被隱藏的。

這件事不只發生在你身上，這兒還有兩個人在同一時間遇到同樣的事，他們也在猶豫是否要宣告，猶豫是正常的，因為這個宣告是如此重大，而你感覺自己如此渺小，但你無法一直放在心裡面。那就像一個孕婦——她能將懷孕的事實隱藏多久？總有一天會生下孩子。

每個真理都是一個活生生的經驗。

而生命的特質就是表達、擴展和宣告。每朵花都是在宣告自己，每天早上的太陽都是在宣告自己，每晚無數的星辰都是在宣告自己。當然它們用來宣告的語言是不同的——花透過它的芬芳來宣告，星辰透過它的光來宣告，月亮透過它的美來宣告。

但真、美、善……這三者——是存在根本的、基本的三要素。你無法隱藏它們。

一個人會感到尷尬——要如何說出來？在一個多疑的世界，一個人們不願聽到真理的世界，一個人們看不見美的世界，一個人們沒有可以感受、沒有敏感度的心的世界……要在這樣的世界宣揚這件事，一個人會感覺自己是單獨的。

但不是因為自我——你無法因為自我而宣稱這樣的事，因為自我會感覺很尷尬，自我不想要感覺尷尬。是因為謙虛才使一個人去宣稱這樣的經驗。

我在等待……這三個人中，誰會先宣告這件事？你證明了自己是謙虛勇敢的。你說的一切都是親眼所見——不是在睡眠中或夢中。

確實，克理須納穆提正是為此準備好的人選。

佛陀承諾他會在二十五世紀後以彌勒佛的身分返回，彌勒的意思是朋友。

當然，他的肉身已經被燒掉了，也無法保存二十五世紀；那時沒有這樣的技術。現在則是可能的。現在世界上有十個身體被保存著。它們是死的，保存它們需要非常高的花費，但那些人非常富有，他們在遺囑中提到要保存他們的身體——因為科學說在十到十二年內，最多十二年，我們將能讓死掉的身體復活，這些富人讓自己的身體被保存，以便當技術可以讓他們的身體復活時，他們就能再次擁有生命。

佛陀只能使用完全不同的技術——不是科學技術，而是超自然的方法。肉身死了，但在這個肉身裡面還有其他身體是沒有死掉的，他活在他的第三個身體中，他不能透過子宮出生，那是不可能的、違反自然的。一旦你成道了，你就無法透過自然的過程出生，無法透過子宮出生。

這是他的慈悲。在他之前沒人嘗試過。也許在他之前沒人有這樣的慈悲。

有一個故事說佛陀抵達了涅槃之門——一旦你進去了——你就會消失在宇宙中。門開了，守門人歡迎他的到來，但佛陀拒絕進入，他說：「我會留在門外，因為我還有無數的旅友在黑暗中摸索著。我會嘗試各種可能的方式來幫助他們，除非所有眾生都進了門，否則我會等待。我將會是最後進入的。」

這不是寓言或小說，而是神祕主義世界中絕對真實的事。它在物質的世界不是真實的，但它在心靈的世界是真實的。

克理須納穆提被非常博學多聞的學者準備好，他們在所有的經典中發現——西藏的經典、中國的經典、日本的經典、印度的經典——佛陀承諾會在二十五世紀後回來：「我會找到辦法。我不能透過子宮，但我可以進入另一個人，讓我的靈魂融入到他的靈魂中。」當神智學者發現這件事，就開始尋找適合的人選——純淨、是否可以嚴守戒律、靜心的品質、意識程度——以便成為彌勒佛的媒介。

他們對克理須納穆提非常嚴格。

不只對他下工夫，他們選了至少五個非常有智慧的小孩，然後對他們下工夫。其中一個是尼提阿南達，克理須納穆提的兄長。他死了，因為過於嚴苛的戒律而死，他是非常有智慧的。原本可以成為偉大的科學家或哲學家，但不會成為偉大的神秘家——也許也不適合成為佛陀的媒介。

訓練那五個小孩——當尼提阿南達死了，其它四個小孩——克理須納穆提是這四個小孩中最優秀的，一個是拉傑哥帕，後來變成克理須納穆提的秘書，但他背叛了克理須納穆提，他一生都怨恨著，他因為同樣的目的被選上，但最後只是一個私人秘書，雖然很憤怒和怨恨，但他沒表現出來。

他負責管理一個為了克理須納穆提而創立的組織，那個組織叫東方之星。透過克理須納穆提的書所取得的權利金都由拉傑哥帕負責。五年前，他背叛了克理須納穆提。他說：「這個組織、金錢、書和權利金都和你無關。」那時克理須納穆提是八十五歲，他必須從頭開始。

拉傑哥帕一定很有耐心，因為六十年來，他一直把怨恨放在心裡，等到克理須納穆提老了，無法做任何事，才離棄了他。他把克理須納穆提基金會的所有財產帶走——他是基金會的主席——於是克理須納穆提在八十五歲如同一個乞丐的離開了。

另一個被訓練的男孩是德國人，了解到自己不會被選上，他接下來的行為像個德國人；創立了一個和神智學對抗的組織，造成整個運動的分裂。他成了領袖，期望自己可以和克理須納穆提競爭，卻沒了解到這和競爭完全無關。

克理須納穆提在多年的訓練和持戒後：他沒有變成純淨的，沒有成為正確的媒介，他開始非常怨恨主導這一切的人，折磨他的人——叫他禁食，在凌晨三點起床洗冷水澡——出發點是善意的，但他們沒了解到你無法讓任何人變成一個佛。那不是訓練的問題。無論出發點多麼正確，結果一定會是個災難。

當克理須納穆提到了二十五歲，他們要所有神智學運動的領袖聚集在荷蘭，克理須納穆提將宣稱佛陀會進入他的身體，他將會成為世界的導師。

但他是個誠實的人。佛陀沒有進入他的身體。如果他是像教皇或何梅尼那樣的人，他就會說：「沒錯，佛陀進入我裡面了，我是世界的導師。」但他否認了，他說：「不，佛陀沒有進入，我不是世界的導師，不只如此，我將不會成為任何人的導師。」

這對於從世界各地來到的六千個神智學運動的領袖是相當大的震撼，他們不敢相信——把這個人準備好，為他上法院，做了各種努力只為了給他最好的教育。他從沒說他不願意。然而在最後一刻，他站起來宣稱：「我要解散東方之星這個組織，我不是世界的導師。」那是一個反作用，你不能強迫任何人上天堂，強迫進入的天堂會是個地獄，因為失去了作為基本條件的自由。

佛陀的第三個身體在世界各地徘徊，為了找到一個媒介，以便他可以重新提出二十五世紀前所說的一切，更新它們以便更適合現代人——為了將要誕生的新人類。

二十五世紀過去了，累積了這麼多的灰塵，除非某個完全新鮮的東西出現⋯⋯有無數的佛教徒和數以千計的偉大的佛教僧侶；但他卻無法從這些人裡面找到媒介，這似乎是荒謬的。似乎選擇達賴喇嘛或某個偉大博學的佛教僧侶是很自然的、合理的。

但你必須記住——那是我其中一個強調的基本論點——不能選擇這些人，因為他們仍緊抓著二十五世紀前的佛陀。選擇他們作為媒介是沒意義的；他們只會重複一切。

我對佛陀的愛勝過對其它師父的愛，但我的愛不是盲目的。我曾盡可能的批評他。當我認為他說的話是對的，我會讚美他——對今日、明日和將要來到的新人類而言，如果他說的話是對的。當我發現他說的話有二十五世紀般的老舊，我也會嚴厲的批評他，那些話仍帶著制約，對新人類沒有任何用處的糟糕想法，將會成為很大的阻礙。

你一定對於看到的一切感到很困惑，因為我似乎應該是佛陀最不可能選擇的媒介。

這就是佛陀的美：他知道訊息必須是適合現在和未來的，他需要一個全新的存在——不受任何傳統束縛，包括他的教導——一個完全非傳統、非正統的人。一個現代人，就像今天的玫瑰一樣的新鮮——即使那個人曾多次反對佛陀說的一切。

我不打算說出來，因為這樣一來，我將很難批評舊人類。於是我保持超然的，以便我的自由和獨立性不會有任何減少。

我有我自己的訊息。

如果佛陀認為我的訊息也包含他的訊息的精華，那麼這是他的選擇。不會造成我的負擔。每當我發現任何話不適合未來人類的成長，我就會持續的批評他。

但你的困難是無法將看到的一切放在心底。這個世界上最困難的一件事就是保守秘密——而且還是這樣的秘密！

但我將會維持不受影響，沒有任何讓步。佛陀和其他過去的師父可以選擇我作為他們的媒介，但我不會因此受到影響。我的訊息將仍會是我的訊息。

是的，他們可以：你說得沒錯：河流可以流進海洋；數千條河流可以流入海洋——它們不會使海洋變甜，但它們自己會變成鹹的。

佛陀選擇我作為他的媒介，因為現在很難再繼續憑恃他的第三個身體到處徘徊。二十五世紀過去了，事實上已經是二十五世紀過後許多年了。他必須決定，但他必須選擇一個有自己的訊息的人。如果可以和他是一致的，那會是美麗的，但如果不一致，我仍會像以前一樣嚴厲的批評他。不會有任何不同。

我不會成為他的代言人，我會繼續說我要說的。

但你看到的一切是無與倫比的經驗，一個偉大的達成。

這兒還有兩個人——如果他們夠勇敢，他們也會說出來。如果不夠勇敢，這個秘密將會一直成為他們的負擔。最好把它公開，放下這個負擔——不管怎麼說，這已經被公開了，你已經做了幾乎百分之九十九的工作。沒有要再做什麼了。

任何親近我的人曾多次感覺到，為了闡明我的某些想法，我提到佛陀的生平事蹟和故事的次數勝過其它人。佛陀和我非常親近，差距不會超過二十五世紀——也許只有二十五公分——但還是有差距。

我不是一個會讓步的人。

我也不會對佛陀讓步，但最終的真理不是任何人的占有物，不是佛陀的或我的。只有非本質的部分是不同的，本質的部分一直是相同的。我的努力就是切除所有非本質的部分，只留給你純粹的、主要的訊息。因為只有剩下本質的宗教才能在未來存活。不重要的儀式都將會死去。

隨著本世紀的結束，世界將只剩下宗教性，但不再有任何宗教。

也許佛陀選了正確的人。

就宣告這件事而言，他也選了正確的人，我不會宣稱這件事，因為我來宣稱這件事會造成某種程度的讓步，彷彿我變成某個人傳達訊息的媒介。

我不是任何人的媒介。事實上，我的訊息和佛陀的訊息幾乎是平行的——如此平行和相似以致於可以說他是我的媒介，或者可以說我是他的媒介。但無論怎樣都不會改變我的方法。現在我會對佛陀更嚴厲，以便他最精華、最純粹的部分可以帶給未來的人類。

奧修，師父要如何幫助弟子不透過宗教而過著有宗教性的生活？

那是世界上最簡單的事。

反過來則是最難的——有宗教性和同時是一個組織化宗教的一份子幾乎是不可能的。但只是有宗教性的，同時不是任何宗教的一份子，則是最簡單的。

你得了解我說的宗教性的意思：對存在的感激。它給了你這麼多，而你無法償還。

我聽說有個人要自殺，一個師父正坐在河邊，那個人正打算跳河。師父說：「等等！你要自殺嗎？」

那個人說：「你憑什麼阻止我？」

師父說：「我沒有要阻止你。事實上，我希望你自殺，但在自殺前，如果你可以捐出眼睛⋯因為這個國家的國王瞎了。醫生說除非有人捐出眼睛——不是死人的眼睛，而是活人的眼睛——那對眼睛可以被移植，國王可以重見天明。無論你想要什麼獎賞都能說出來，你將會擁有它。所以在自殺前，何不做這個交易？

那個人說：「他會給多少？」完全忘掉自殺了。

人們的頭腦是非常商業導向的。

師父說：「無論你要什麼，只要提出來。」

他說：「我是個窮人，無法要太多——你給了我建議。而我正要自殺⋯⋯」

師父說：「你考慮看看⋯⋯兩萬盧比。」

那個人說：「兩萬？我的天，我沒想過自己會有兩萬盧比。」

但師父說：「你可以再考慮。我甚至可以告訴國王：『他需要兩千萬盧比。』一切都由你決定。國王願意用任何代價換得雙眼。」

那個人說：「兩千萬？那我何必還要自殺？」

師父說：「由你決定。但是，」他說：「過著沒有眼睛的生活，即使有兩千萬盧比也不會有太大的喜悅。」

在前往王宮的路上，那個人對師父說：「我改變主意了。」

他說：「什麼主意？你想要提高價錢嗎？」

那個人說：「問題不是錢。我是在想只是兩隻眼睛就有兩千萬——那耳朵、鼻子、牙齒和我的全身上下呢？」

師父說：「你可以算一算；兩隻眼睛就有兩千萬⋯⋯」

那個人窩：「我不賣了。我要回家了。」

師父說：「那自殺呢？」

他說：「我以為你是個宗教人士。你是殺人犯！要我自殺？這是我第一次了解到存在給了我的一切——而我沒有付一毛錢。這兩隻眼睛看過了各種美麗的事物，這兩隻耳朵聽過了各種音樂；這個生命經驗了如此多——而我沒有付出任何東西，甚至沒想到感謝。」

「自殺只不過是對存在最大的抱怨，最醜陋的抱怨：你給了我這麼多，而我在摧毀它。沒有感謝你，反而還背叛你。不，我無法自殺，我無法賣掉我的眼睛；它們是無價的。你可以跟國王說，即使給我整個王國，我也不會賣，雖然我是個乞丐。」

你有想過存在給了你多少東西嗎？

不，你只是把它當成理所當然，彷彿你應得的，你掙得的。

你不值得得到它。你並沒有掙得它，它是個禮物。一個祝福；是因為愛使得存在給了你這麼多。它甚至準備要給你更多。你只是沒準備要得到。

宗教使你不是有宗教性的——要你去清真寺、廟宇和教堂。它教你向假想的神祈禱，而你從未看過祂，沒人看過。

真正的廟宇就在你的周圍——在星辰下、樹木的綠簇下和海邊。真正的廟宇就在周遭，真正的神只不過是你內在中有生命的、活生生的、有意識的現象。

任何生命存在的地方，意識就在那兒，神就在那兒。

當你來到意識的最終經驗，你就變成了神。成為神是每個人與生俱來的權利——不是膜拜神，而是成為神。

所有的宗教都在阻攔你。他們不教你無野心；他們教你有野心，教你如何是有道德的，以便你可以進入天堂。他們不教你無畏，他們教你畏懼——如果你做某件事就會被丟進地獄，永遠受苦。基本上，所有的宗教都在剝削人類：奴役你、羞辱你、說你是罪人、摧毀你的自尊。

宗教性是對存在抱著謙遜的感激。

因為存在給了你這麼多，所以會有謙遜的自尊——但這個謙遜不是出於自我，你不會因此吹噓。

它教你去愛、教你成為更有生氣的、更玩樂心的、更慶祝一切的。你的生命應該是首歌、一支舞和一個慶典。

有什麼需要去跟隨群眾？這些是你個人的經驗，它們和群眾無關。你不用去教堂、膜拜神、膜拜一本死掉、充滿了各種胡扯、愚蠢和迷信的書。

宗教性完全是個人的經驗。那和群眾無關；你不用對抗某人⋯「因此，團結吧。」回教徒必須團結去對抗印度教徒，印度教徒必須團結去對抗基督教徒，基督教徒必須團結去對抗猶太教徒。這不是宗教。這是瘋狂的群眾，想要以宗教和神的名義訴諸暴力。

我見過許多暴動，無法相信⋯很善良的人突然變得像動物一樣。

我認識一個在我任教的大學的教授，他是其中一個我知道的最善良的人。但他是回教徒，當回教和印度教發生衝突，我看到那個教授在強姦一個女人。我無法相信。我把他拖走。我說：「你在做什麼？」他恢復了理智，彷彿這一切是在睡眠中發生的。

他說：「很抱歉，原諒我。所有人都在這麼做，我變成他們的一份子。完全忘掉自己了，內在的獸性開始做這件事。剛開始會發抖……「不該這麼做——我做的是不對的。」但獸性是如此強大和古老，當所有人都在這麼做……」

我看過人們放火燒清真寺和廟宇——我認識的人——我把他拖走，並問他：「你在做什麼？如果只有你一個人，你會做這件事嗎？如果沒有群眾，你會放火燒清真寺嗎？這個清真寺和你有什麼關係？這是個美麗的建築——為什麼要摧毀它？它沒傷害任何人。」

他說：「只有我一個人？那我是不會這麼做的，但大家都在這麼做。我也是印度教徒，印度教徒必須團結起來。」

團結起來做什麼？——殺人、燒死人。

數千年來，宗教一直在燒殺劫掠。它們的策略是，群眾有自己的心理學。不要讓任何人是單獨的；否則，你無法讓他去強暴女人、燒房子、殺小孩。只要讓他待在群眾中，當每個人都在這麼做，他會開始跟著做；他的獸性會浮現。

我曾經待在一個書店，外面突然發生了暴動……馬路對面有一個很美的店鋪，販售著各種鐘錶。那些人開始拿走鐘錶。有一個人，他一直大喊：「這是不對的！如果印度教徒和回教徒在打架，你們可以加入。但拿走店鋪的東西……這和宗教無關。」

我在書店聽著。沒人理會他。我認識那個老人；我們偶爾會在早上散步時遇見和討論事情。他是很善良的人，對生命抱著非常達觀的態度。他是回教徒，而一群回教徒正在摧毀一個印度教徒的店鋪。當整個店鋪都被搶光了，只剩下一個大鐘。它太大了，沒人拿走它，因為那會被逮到。無論帶著它到哪兒都會被人們發現——因為必須背著它。但老人拿了那個大鐘。

我無法相信。我必須離開書店去叫住他：「等等！你在做什麼？」

他說：「還能做什麼？他們拿走了一切，只剩下這個。所以我告訴自己，現在還有什麼意義？他們不理我——我盡最大努力去挽救那個店鋪。當我看到所有鐘錶都沒了，我突然有了一個念頭——『像個笨蛋站在這兒做什麼？把它拿回家』——所以我這麼做了。」

我說：「你是完全正確的。你掙得的。你一直在吶喊，你一直…你沒有偷東西——我可以作證；如果你遇到什麼問題，可以叫我幫你作證。你已經完成你的工作了，教導人們的宗教性工作。沒人理你，店主人因為害怕被殺而逃走了。這是你掙得的。你花了一整天，年紀又這麼大…我可以幫你嗎？」

他說：「不要想讓我羞愧。這個鐘太大了，我家很遠。」

我說：「讓我幫你；否則…你是回教徒，可能會被某個印度教徒發現。人們拿走了一切，這時候沒人會相信這個鐘是你買的。」

他說：「你是對的。幫我做件事：去叫計程車…它太重了。」

我說：「我去叫。」我叫了計程車。我們站在路邊等；很多人圍觀在看發生了什麼事。我說：「沒事，不用擔心，這是他掙得的，他應得的。」

他感到很羞愧，等計程車到了，他說：「不，這不對。把它放回去，留下它…會有人拿走的。」

我說：「有人會拿走——它不會在意誰拿走它，你拿了它上車回家。」

他說：「你是個怪人。你在支持一個回教徒。」

我說：「我不是印度教徒或回教徒。我只是看到一個老人做了所有能做的；這是你應該得到的。沒人會為此給你酬勞，所以把它拿走。」

隔天我看到他坐在垃圾桶旁，我說：「那個鐘好用嗎？」

他說：「我整晚無法入睡。它一直滴答滴答，使我想到：『我的天，我偷了它——違反了我的人生觀和所有宗教上的教導。』而我還在建議人們：這不是獎勵，而是懲罰。我的妻子很生氣；她說：『你已經這麼老了，但仍是個笨蛋。每個人都拿了美麗的手錶，而你拿了這個「滴答」，甚至無法入睡。把它扔了。』我的妻子把它放在垃圾堆裡，而我在思考如何還了它。」

我說：「這個想法不錯。我該叫計程車嗎？不能是你還回去——我幫你還回去，否則你會被抓走。」

於是我把鐘還回去。店主人說：「你是如何陷入這件事的？」

我說：「這是個漫長的故事：但我們至少挽救了一個——這個大鐘。至於其它人，我知道誰拿了它們，因為我看到整件事。我可以給你幾個名字，如果你可以找得到他們。但我認為很難。這是一個老人拿走的，因為他的妻子無法忍受它的滴答聲：他本來要自己拿來，但我說：「那會很危險，可能會發生衝突。」所以你拿了它。當整件事落幕，記住那個老人；他真的盡了最大的努力，但最後獸性還是浮現了，當他發現沒人理會他——「只有我是輸家，每個人都拿了東西」⋯⋯這只是經濟學。」

宗教只不過是群眾的心理學、暴民的心理學。暴民仍活在獸性中。他們還不是人。只有個體是有人性的，但沒有群眾是有人性的。他們很快就變成無意識的。

如果個人要變成有宗教性的，那並不困難。只需要了解宗教性的意思：

感激存在，享受你美麗的生命。

愛——因為明天是不確定的。

不要把任何美麗的事物延後到明天。

在此時此地，強烈的活，全然的活。

不需要成為回教徒或印度教徒。你會發現有一個巨大的喜樂在發生。那是你的天堂。天堂不是某個地方。它是你內在的空間。

奧修，我唯一知道的無法摧毀的信任是我對你的信任。自從離開社區，我發現自己收回對每個人的信任。我寧願自己獨自行走數千世也不要讓任何人評斷我的作為和感受——即使是有幫助的建議。我感覺你的光在我的心裡不斷呼喚我，但我很遲鈍，不了解你要

傳達的。請對我說些話。

不該依據對方是否值得信任而信任。

信任應該是你內在的一個特質，不是關係。

你信任某個人是因為他是值得信任的——這不是信任。裡面沒有任何高尚和自豪的地方。他是值得信任的，所以你得信任他。

信任是個特質——無論對方是否值得信任，無論對方是否值得你的信任，都不該使你的信任有任何改變。你的喜悅應該是在於信任本身。它應該是固有的，不該是根據別人而決定。

我聽說有個人第十次上法院。法官說：「你應該感到羞愧。這已經是第十次了。看看你騙了哪些人——都是城裡面最單純的人。」

犯人說：「大人，如果我不騙那些單純的人，那我要騙誰？單純的人是最容易騙的。你要我怎麼做——去騙不單純的人嗎？」

法官說：「你似乎很狡猾，扭曲我說的一切。」

那個人說：「大人，你說我應該因為第十次上法院而感到羞愧。這不是我的錯。去告訴那些警察，那些逮捕我的笨蛋。我告訴他們過，法官會感到羞愧，不該再讓我上法院了，但沒人理會我。」

如果你信任人們，他們將會欺騙你。當幾個人騙了你，你對人類的信任自然會消失。這是奇怪的——五個人騙了你，然後五十億人就失去了你的信任。你應該學點數學。那些騙了你的人能得到什麼？——也許一些錢⋯但如果你可以信任他們，你就得到某個錢買不到的東西。

我常坐火車旅行。有一次，從印多爾到坎德瓦，當我到了那兒，在下一班到孟買的火車來到前還有一小時。於是我獨自坐在車廂裡面——所有乘客都走了；那是終點站。有個人進來了，流著淚水。我說：「不用這樣⋯把眼淚擦乾，告訴我整個故事。」

他說：「故事？」

我說：「無論是什麼——真的或假的——只要把故事告訴我。」

他說：「你真奇怪⋯我的母親死了。」

我說：「我知道了。」我給了他一盧比。

他說：「我正需要。非常感謝您。現在沒人會給予了。」

他離開了，但他心想：「這個人似乎很容易被騙。什麼都沒問就給了我一盧比。」他穿了外套和帽子再次返回。我說：「淚水呢？」

他說：「什麼淚水？」

我說：「你是另一個人⋯有什麼故事？」

他說：「我的父親死了⋯」

我說：「給你一盧比，因為我給了另一個人一盧比，他說了自己的故事⋯母親死了、父親死了⋯很快就會有某個人來說他妻子死了，某個人說小孩死了。還有一小時，我的錢可以用一小時。你離開吧，走快點！」

他說：「為什麼要快點？」

我說：「你還要換衣服！去吧⋯」

他說：「我的天，你認出我了嗎？」

我說：「不，我沒認出你。我怎麼會認出你？帽子和大衣都這麼新！我沒看過穿大衣和戴帽子的你。你的親戚死得這麼快，你快離開吧。」

第三次他猶豫是否要來，但貪婪使他無法忍住誘惑。他拿掉帽子和大衣，只戴著頭巾來到。

我說：「這很好，很適合。天氣很熱，我很擔心——襯衫、大衣和帽子。現在誰死了？」

他說：「我的天，奇怪⋯但這是個不幸的日子。你是對的，我的妻子死了。」

我說：「給你一盧比。回去看看是否還有人死了。不用赤裸的來到，你可以戴著頭巾就好。否則警察會逮捕你，你就會有麻煩。我也會有麻煩。」

他說：「你為什麼會有麻煩？」

「因為我在等你，一直等著。如果你被警察抓走，我會很擔心——「那個可憐的傢伙怎麼了？」死了這麼多人，我都還沒問你的名字；否則我可以去你家。但記住不要讓自己死掉，否則誰來拿錢？」

他很震驚。第四次他拿著那些錢來到，他說：「你把它們拿回去，我不能收。」

我說：「怎麼回事？你的父母和妻子呢——他們都死了。如果你想要，你可以拿更多，如果這些錢不夠的話。」

他說：「沒有人死。這只是我的工作——我在騙人。但我無法欺騙你。」

我說：「你為什麼不能騙我？我準備要被騙。獨自坐在這兒；除了被騙以外，沒別的事能做。你不用花這麼久的時間——只要繞一圈火車站後就可以過來拿一盧比。從現在起，不用告訴我任何故事。只要空手來到，這樣我會知道有人死了。」

他說：「不，這……沒人死掉，每個人都活著。你把錢拿回去。」

我說：「但你為什麼看起來很愧疚？這沒任何問題，我在享受整個遊戲。坐在這兒沒事可做。你帶來了這麼棒的娛樂——一盧比並不貴。」

但他不肯收下；他說：「沒人信任過我，你不是瘋了就是某個我不知道的原因，但你一直信任我。你真的相信我的妻子死了嗎？」

我說：「我真的相信，因為人是會死的，人會死。你的妻子不是不會死的。不用害怕——她會死的。如果不是今天就是明天。把錢收起來；你只是早講了這個故事。」

他說：「我不會拿你的任何錢，而且從今天起，我不再欺騙人。我整天都在說：『我的母親死了，我的父親死了。』有時候我的妻子一天會死十二次。你是第一個相信我的人，而且隨時準備要相信。」

我說：「你回去算算家裡有多少活人和已經死掉的人。你已經拿了死人的部分；你可以再來拿活人的部分。他們總有一天會死，那時候可能就找不到我了——因為我只會在這兒待一小時，然後就離開了。」

我常常經過坎德瓦，因為它是通往那格浦爾、印多爾、賈巴爾普爾和孟買的聯軌站——那個人常帶著水果和鮮花來到。

我說：「這樣不對，你是貧窮的。」

他說：「我很窮，但沒有窮到看不出來你沒有侮辱我。你沒有侮辱人，你沒有不信任。我能拿走你什麼？——幾盧比，但我無法拿走你對人類的信任。」

信任人類是如此的喜悅。

那是有宗教性的一部分。

你說你信任我，你說你只信任我。那不夠；那是很貧乏的信任。你可以擁有海洋般的信任，但卻只拿了一滴信任。

信任每個人，包括欺騙你的人。他們有自己的困難和問題。

穆拉納斯魯丁正在陽台上睡覺，門是開的。有個小偷進來了，一開始他有點猶豫——因為人們不會在半夜讓大門開著，奇怪的房子⋯但他進去了。然後他看到某個人躺在毯子上，他進去了。房子裡很暗。

納斯魯丁跟著他，並點了一根蠟燭。小偷很震驚，試著要逃跑——但納斯魯丁站在門口說：「別跑，我是來幫你的。」

他說：「幫什麼？我是小偷。」

納斯魯丁說：「很好，我需要一個小偷。在這個房子生活了三十年，什麼都沒找到。我需要一個專家。現在你試試；我會幫你。無論找到什麼就平分。」

小偷說：「你是個奇怪的人。花了三十年卻沒找到任何東西？」

他說：「我沒找到任何東西。但我不是專家，你才是專家。甚至在黑暗中嘗試！我以為你會跌倒、摔跤或發生什麼意外。我很熟悉這間房子，它是空的。但和專家一起找…我感覺充滿了熱情——來吧！」

他們四處察看。但沒看到任何東西。然後他們離開了房子。小偷放了一個大袋子在外面，裝滿了其它地方偷來的東西。納斯魯丁把毯子也扔了進去。

小偷說：「你在做什麼？」

他說：「沒什麼。我跟你走。住在這個房子有什麼意義？無論你去哪兒，我都要跟著你。」

小偷說：「你是個怪人。我不能讓你跟著我。」

納斯魯丁說：「那就平分…記得吧？」

小偷說：「這些東西不是在你的房子找到的！」

納斯魯丁說：「你在我的房子外面看到這個袋子。所以打開它——平分。」

小偷說：「我的天，這些東西是從你的鄰居那兒拿來的。」

納斯魯丁說：「你得讓我跟著你，我要跟你住在你的房子裡，你得照顧我，因為這些都是你偷來的、騙來的；不然就平分。從明晚起，記住：保持警覺。如果我看到你在其它地方偷竊，就平分。就這麼決定了。」

小偷說：「你可以把這些東西拿走，但拜託，取消我們的約定。」

納斯魯丁說：「不，那不對。如果你不想遵守約定，我會取消它，但你把這些東西放進我的房子。明早我會把它們還給鄰居。永遠不要再來這兒；否則那個約定⋯⋯」

小偷說：「我這輩子都在偷竊。從沒有和被我偷東西的房子主人約定過。」

納斯魯丁說：「我信任。我從不關門，那是對小偷的邀請。你不是第一個，這幾乎每天都在發生。這就是我謀生的方式——平分。你不是唯一的小偷。這個城市中，沒有小偷是沒和我約定的，他們都是值得信任的人。雖然他們從別的地方偷東西，但他們會拿一半給我，他們很清楚，約定就是約定；人必須遵守承諾。」

現在的世界不像過去，人們會遵守他們的承諾。現在你會發現人們隨時在違背承諾，出爾反爾，在你信任他們時欺騙你。但他們能騙到什麼？——都是物質上的。

如果你失去信任，那他們確實摧毀了你。

信任是非物質的，它是心靈上的。

如果你信任我，如果你因此感到快樂，那就信任全世界。這五十億人並未欺騙你，無數的星辰並未欺騙你，這些樹、海洋和河流並未欺騙你。只有幾個人騙了你——你要因為那幾個人而不信任存在？這會是你的損失。你會失去你美麗的特質。

我贊成把信任當成一個特質，不是關係。不要依別人或他做的一切來決定。你信任他是因為他是人。而人類有他的弱點、缺陷和限制；儘管因為這些弱點、缺陷和限制，你仍然信任他們。這樣的信任將會變成你內在中穩固的磐石，新存在和新生命的基石。也許因為你穩固的磐石，那些欺騙過你的人無法再欺騙你。只是因為你的存在⋯⋯

我曾在火車上睡覺，車廂內還有另一個人。我睡上鋪。到了半夜，那個人下車了。那是個美麗的機會，因為我所有的行李都放在下面，他看到我在睡覺。於是叫僕人拿走所有的東西。除了我口袋裡的錢包。

當他拿了所有的東西要離開時，我說：「等等！」

他說：「你醒了嗎？」

我說：「我一直醒著。你拿走了一切；除了我身上的錢包。把它也拿走。要全然的做每件事。」

他說：「我的天⋯⋯」他對僕人說：「把他的東西拿回來，他是危險的。」

然後站長來了——「怎麼回事？」——然後駕駛員和服務員也來了，那個人顫抖著，怕我說他偷了所有的東西。

我說：「沒事。他拿了所有的東西。但他犯的錯沒有完成，我反對所有未完成的。於是我把錢給了他，要他把這個也拿走，這樣就完成了。」

他們說：「要我們把他交給警察嗎？」

我說：「不，他是個好人。他沒有拿錢，而且把東西還回來了。」他非常緊張，以致於留下一個自己的包包。我必須把他的包包從下一站寄回去，叫他們找到那個人。至少包包上面有一個名字——「找到他。」他真的是個好人。非常緊張……也許那是他第一次偷東西。

但人類就是人類。他能做什麼？只是拿走一些不屬於我的東西。沒有任何東西是屬於任何人的，但信任是屬於你的。

東西不是屬於你的，所以讓你的信任盡可能的廣大無限。

第三十六章
你是因為那個奇蹟而在這兒

奧修，前天我提到的那個事件，昨天你用自己的方式回答了。那個事件、問題和答案只有你和我知道。現在我可以了解佛陀和他的弟子摩訶迦葉之間發生了什麼。

鐘愛的、美麗的奧修，不是透過語言，而是因為存在的寧靜和已經發問的，因為被回答的和已經被回答的。話語沒被說出來，但我聽到了。

佛陀和他的弟子摩訶迦葉之間有一朵花。

你和我之間則還有別的東西。

你知道，我知道——某個你帶來的和給予的，某個我收到的。

每個人都看到了它，但沒人知道它。

摩訶迦葉笑了，而我流下了淚水。

我鍾愛的、美麗的主，我的心充滿感激和感謝的向你頂禮，雙眼充滿了喜悅和快樂的淚水。這個事件會在一九八六年的九月二十二日持續發生著。讓這天被記錄下來。

戈敏悉達多，摩訶迦葉的笑和你的淚水並無不同。

也許你會比摩訶迦葉笑得更強烈。當笑到了極限，它只會以淚水的形式出現——喜悅、感激和喜樂的淚水。

是的，我和你之間發生了某件事。

你提到的日子是完全準確的；它會被記錄下來。

師父只能給予某個無法被肉眼看到的。

雖然佛陀把花給了摩訶迦葉，但不是因為那朵花使他笑了，而是某個其它的。花只是個藉口。每個人都看到那朵花。只有少數人——雙眼可以看到無形的、聽到沒說出來的——能夠了解花不是重點，那是個掩飾。

二十五世紀來，神秘家一直在討論什麼才是真正被傳達的。不會只有花；花可以給予任何人。還有某個東西被給予了。但佛陀很慈悲，甚至考慮到那些看不見的人。如果他沒給予那朵花，只是傳達了無聲的訊息，摩訶迦葉仍會笑。但那些看不見無形的一切的人會以為摩訶迦葉瘋了，或者感到羞愧，因為他們不知道師父和最偉大的弟子之間發生了什麼。

二十五世紀後，人成熟了，我希望我可以傳達那個看不見的，不需要隱藏在某個藉口背後。悉達多不需要因為自己的淚水感到羞愧，別人也不會因為他們看不到發生了什麼事而以為你發瘋了——特別是在神秘學校的殿堂中。只有少數在場的人能了解到可能有某個神祕的、神奇的事件正在發生。你是因為那個奇蹟而在這兒；你不是為了聽講、不是為了聽我說話、不是為了聽到任何理論或哲學而在這兒。

你在這兒是為了經驗到某個屬於彼岸的。

那一天，悉達多經驗到某個屬於彼岸的。他經驗到了開花。我沒有把花給他，但他經驗到內在蓮花的綻放。

你們每個人遲早都會經驗到同樣的神秘。

他就是佛陀說的「變成了長者。」

他已經達到那個我們稱為成道的點。

你們應該為此高興，因為你們之中有人成道會使你們更容易、更可能成道，使你們可以達到。

那不是不可能的。你不需要是特別的或獨一無二的——一個救世主或先知。在你的平凡中、你的單純中、你的人性中，你有那個潛力。

對你的潛力而言，他是一個證明。

你們應該高興，彷彿你們已經成道了。悉達多的成道會是你們的成道；只是時間的問題。但他是充分的證明和保證。

成道不是某個來自天上的。它是某個在你的內在中成長的，每個人累世以來攜帶的種子。

耶穌常說：「你可以灑下種子：有些會掉在石頭上，永遠無法成長。有些會掉到小路上：

它們會成長，但會被不斷走過的人們踩扁。有些會掉到適合的土壤中，開始成長，來到最終的開花，在風中、在太陽下、在雨中舞動——表達對存在的感激。」

這是個花園。

我對你說的一切只是在給你正確的土壤。

漸漸的，會有幾粒種子開始發芽。每粒發芽的種子會使你感到極大的慶祝，因為它反映了你。反映了你的未來，指出了隱藏在你裡面的所有可能性。

我點化悉達多的那天⋯我還記得。我為什麼給他這個名字？悉達多是佛陀的本名——當他成道後，人們漸漸忘掉悉達多。「佛」的意思是成道者；喬達摩是他的姓。他是喬達摩悉達多，然後變成了喬達摩佛。悉達多是種子，他的佛性就是開花。

悉達多是美麗的名字。一個奇怪的人給他的。沒人知道那個人的名字。他在佛陀出生時出現。一個老人，很老，幾乎是古代的聖人，住在喜馬拉雅山上。他趕到了，因為死亡快來到了。弟子問他：「你要去哪兒？這個年紀的人不該旅行，那會是危險的。」

但老人說：「不重要。我得趕去，如果我沒及時趕到，就無法看到那個以後將會成為覺醒者的小孩。我為了覺醒做了一切——我失敗了。也許我做的一切是錯誤的，或者是對的，但因為我沒有強烈的做每件事，不夠全然。而他已經出生了，我要見他。」

他趕到了，在山下⋯佛陀在尼泊爾和印度的邊界靠近喜馬拉雅山的地方出生。當他趕到⋯淨飯王，佛陀的父親，從未看過這麼老的人。他用頭觸碰了老人的腳，問老人為什麼來這兒——何不讓他過去拜訪，因為老人太老了，不適合長途跋涉。

老人說：「沒時間了。我要見你的妻子生下的小孩。」小孩被帶來了。老人用頭觸碰了小孩的腳。

國王不敢相信。他說：「你在做什麼？你是個偉大的、受人尊敬的聖人，卻用頭觸碰一個小孩的腳？」

老人說：「我老了，雖然被尊為聖人，但卻還沒覺醒。我的心靈睡眠仍繼續著。但這個小孩將會成為覺醒的靈魂。這是他的最後一世。我給他的名字是悉達多。」

國王說：「這個名字有什麼意義？它不是很常見。」——至少在那個時代很少聽到。老人解釋了這個名字的意義：將會達成生命的意義的人。

當我點化戈敏悉達多，我對於給他的名字考慮了一會兒，我感覺很確定他將會達成這個名字的意義，悉達多。而他證明了我那時的感受。他實現了從未許給我的承諾。

這不只是他的成道；也是你們的。加入它，慶祝它。那應該是每個弟子的方式。一旦有任何人回到家，部分的你們也跟他回了家——去認出來。

戈敏悉達多得到雙重的祝福：我的祝福和佛陀的祝福。

你們應該也把這個慶祝當成一個挑戰。它開啟了一扇門。忘掉好幾世紀來強加給你們的各種胡扯——克理虛納成道是因為他是神的轉世，事實上，如果他是神的轉世，那他的成道沒什麼好慶祝的。他已經是神了，無法少於他所是的：他已經死了。

如果耶穌成道是因為他是神唯一的兒子，那就沒什麼好自豪的——因為是唯一的兒子⋯⋯成道不可能是用任何方式由外加入你的存在中。你擁有所有一個人可以擁有的。因為這些人，無數的人類在旅程上退縮不前，以為這只適合那些神喜愛的人——「不是我們一般的人類可以去走的。」

為了讓這些人是特別的，教士運用他們的權力做了一切。耶穌的誕生不像一般人：他是處女生下來的——只是為了讓他是特別的；否則，這完全是胡扯。沒人可以透過處女而出生。沒錯，會有未受精的卵子，但不會有任何東西透過它們誕生。它們來自於處女，但它們純粹是植物，沒有任何生命。

如果耶穌是未受精的卵⋯⋯但這樣就不能原諒這些教士——把他當成一個未受精的卵，然後又釘上十字架！首先，他是沒生命的，然後又把他釘上十字架⋯⋯整個故事是如此虛假。

只有男人和女人會合才可能有生命。只靠女人是無法生育的，只有男人也不行。生命是男人和女人之間的和諧，兩個極性的會合。但為了使他是特別的⋯⋯

佛陀誕生時，她的母親是站立的。但沒有任何女人可以站著生下小孩。也許她在練習某些瑜珈的戒律，所以可以站著生小孩。到目前為止，理論上是可以接受的——但佛陀出生時也是站立的。他做的第一件事是走了七步。然後他宣稱「我是地球上有史以來最覺醒的人。」他的年紀甚至還沒七分鐘！

但為了使他們是特別的，這些虛構的故事以克理虛納、馬哈維亞和其它人為主而創造了出來。這些故事透過難以察覺的方式阻止你成道。創造你和那些覺醒者的距離，那個距離是如此巨大，如此難以銜接以致於最好還是不要嘗試，因為一定會失敗。不可能成功。

我基本的看法就是這些人跟你一樣平凡。沒錯，他們變成非凡的，但你也可以。那個非凡是你的種子、你的潛力的開花。

發生在戈敏悉達多身上的一切，我期望你們、祝福你們，讓這也必須發生在你們身上。你們都得主張自己與生俱來的權利。

奧修，什麼是天真？為什麼天真的人會受最多的苦？

我沒看過任何天真的人受苦過。

天真是如此深入的喜樂以致於無論在它周遭發生了什麼，它的喜樂都不會有任何改變。甚至死亡也是無關緊要的。

但我可以了解你的問題。這不只是你的問題；很多人都問過我，為什麼天真的人會受苦。首先，他們不知道什麼是天真。其次，當他們受苦，他們以為是因為天真而受苦，一定是它造成的。

這類問題已經從不同的角度被提出過——為什麼好人、善人、虔誠的人會受苦。但我從未看過任何虔誠的人、善人或好人在受苦。他們以為自己是好人、善人、虔誠的人、天真的人。但都是誤解。

也許他們是好人——因為恐懼，不是愛。他們是好人是因為他們害怕地獄，他們行善是因為慾望和貪婪，想要得到天堂的愉悅。

他們不是天真的，而是無知的——無知和天真之間有一條很微妙的、難以察覺的界線。小孩是無知的，不是天真的。就心靈的層面而言，當你再次出生，你會變得像小孩一樣。記住，我是說「像小孩一樣。」我不是說你變成小孩——你變得像小孩一樣，天真的。

天真和無知的界線是如此難以察覺，但無知的人會試著不是無知的。這是同義的：他會試著變成博學的。天真的人會試著更天真。如果有任何知識還在，他會試著扔掉它。他想要是完全乾淨的。

有個人來找我——我認識他；他不是壞人，但那不表示他是好人。他只是個懦夫。他想要擁有壞人所擁有的一切，但他是懦弱的。他想要富有、名望和權力，他想要成為總理或首相，但他不打算進入成為總理前得要經過的所有陰溝。那是一條漫長曲折的路，會進入無數的陰溝，你越深入就變得越骯髒。他不想做那些事。他只想成為總理，因為他是好人。

他想要成為最富有的人，但他不知道富人花了很大的、漫長的努力，用了各種狡猾的手段，採取了各種欺騙的行為。這一切令他害怕，他不想坐牢。如果你怕坐牢，那就忘掉富有。富有的意思是某種膽量，鋌而走險的勇氣，隨時準備對抗和競爭，不在乎方法的對錯。富人、有權力的人、成功的人⋯⋯對他們而言，只要能達到效果，所有方法都是對的——無論你得割喉或殺人並不重要。你的目標就是成功，為了成功，你準備付出一切。

現在，這個人想要一切，同時又是個好人，想要永遠不使用狡猾的手段，永遠不欺騙。但你要求太多了。

如果你真的想要善良、天真和美德，那你得隨時準備為它們犧牲一切——成功、尊敬、名望和一切。即使存在的法則改變了，天堂宣稱現在只有壞人可以進入天堂，所有善人會下地獄。那你也得準備下地獄，但你不能離開你的善良。

我想到一個美麗的事件。愛德蒙伯克，英國其中一個偉大的歷史學家，有一個跟他一樣有名的朋友，一個神學家。甚至國王和王后也常在周日去聽他佈道，但伯克從未參加。

有一天，朋友問他：「這對我有點過份。我希望你有一天會來。即使國王、王后和整個皇室家族也都來過。所有偉大的大學學者都會來。你是我唯一的朋友，也是唯一……至少出於禮貌，你應該來一次。」

他說：「正是因為如此，我不能來。但既然你很堅持，這個周日我會來——準備好。」

他說：「準備好是什麼意思？」

伯克說：「等我到了教堂就知道了。」

他的朋友準備了一個很美的佈道。所有基督教的教士都會準備他們的佈道。這對神祕家而言是很陌生的——準備佈道。你是學校的老師還是教授？你沒有任何自發性的話要說嗎？有經驗過的人至少應該在每個片刻都會有自發性的新鮮水流、新鮮的能量。一個準備好的演講，無論有多麼能言善道，基本上都是假的，因為那不是屬於心的。

伯克來了。他的朋友準備了最好的佈道；他想要讓伯克印象深刻。他不斷看著伯克的臉——但伯克沒有任何表情、感受或因為他說的話而受到衝擊。他開始講話結巴，變得很緊張：坐在前排的伯克像個石雕。

然後是發問時間，伯克第一個站起來。他說：「我有個問題，你在佈道中說好人、善良的人、相信神的人會上天堂。不好的人、不善良的人、不相信神的人會下地獄，承受永恆之火的焚燒。我的問題是：你把事情太簡化了。我想知道如果一個好人、善良的人，但不相信神，他會去哪兒？一個壞人，不善良的人，但相信神——他會去哪兒？」

神學家感到迷惘，因為任何答案都會帶來麻煩。他說：「原諒我，我無法自發性的回答你。」

伯克說：「我知道，因為整個演講都不是自發性的。你是隻鸚鵡。你從經典和圖書館找答案需要花多少時間？你不知道答案。但你卻敢斷然的說誰會下地獄和上天堂。而我只是問一個簡單的問題⋯」

神學家說：「我需要七天的時間。我會在下星期日回答你。」

那七天就像地獄之火。他努力嘗試，用各種方式⋯但無論你怎麼說，似乎都是錯的。不相信神的人，但卻是好人、善人——你不能讓他下地獄。否則還有什麼需要當好人和善人？相信神的人，但不是好人，不是善人——你無法讓他上天堂，如果你讓他上天堂，那變成一個罪人、壞人或不善良的人有什麼錯？只要相信神：那就停止這些胡扯，讓它簡單點：相信神的人會上天堂，不相信神的人會下地獄。若是如此，那何必要求好和善良的特質？

他快發瘋了。無法睡著，當星期天來到——它很快就來到了。時間是非常討人厭的。當你想要它慢點，它會變快，當你想要它快點，它變得非常慢。總是和你的希望相違。

他提早一小時到了教堂，他得佈道。但仍然沒有答案。他覺得自己應該向耶穌祈禱：「幫助我。經典沒有幫助。圖書館：我努力了七天，但找不到答案。事實上，伯克是對的；他不來是出於禮貌。我不必要的把他拖來，現在他不只造成了我的問題，也使所有的信眾產生了疑惑。現在由你決定是否要幫助我。」

他跪在耶穌雕像的面前，頭靠在雕像的腳上，他說：「幫助我，因為這不只和我的名譽有關；你的宗教也岌岌可危。我只是個代表。」

他已經有七天睡不著覺，於是他在雕像的腳旁睡著了。他做了夢，看到自己在火車上，一節快速行駛的火車，他問：「火車要去哪兒？我要去哪兒？」

他們說：「這是通往天堂的火車。」

他說：「很好。我最好還是親眼看看有哪些人在天堂。」他心想：如果他可以在天堂見到蘇格拉底，那表示只是善、大真和誠懇就夠了；不需要相信神。「如果蘇格拉底在那兒，佛陀在那兒，馬哈維亞在那兒：但如果我沒看到這些人，那我就知道會有哪些人在那兒——因為希特勒相信神，拿破崙相信神，亞歷山大大帝相信神，他們殺了很多人。納迪爾莎相信神，唯一讓他感到喜悅的事是燒死活人。如果看到這些人就完了；我得對信眾說出事實。」

他到了天堂。不敢相信自己看到的。他擦了眼鏡再仔細看了看。車站就像廢墟和殘骸。上面標示著「天堂」，但那兩個字已經褪色了；也許這兩個字從被寫上到現在已經有數百萬年了。到處都是骯髒的。

他想也許⋯這兒是印度還是哪兒？不是天堂，也許是孟買的佩爾勒。這算什麼樣的天堂？

但他下了火車，到了服務中心——沒人。他試著查探⋯「我想要問問這些人是否在這兒——佛陀、蘇格拉底、畢達哥拉斯、赫拉克利特、伊比鳩魯、馬哈維亞、老子。」人們說：「沒聽過這些人。」

他看到人們⋯骨瘦如柴，彷彿失去了汁液，只剩下骨骸。他問：「這些人是誰？有一個是偉大的聖人——他聽過他的名字。有一個是聖法蘭西斯，有一個是艾克哈特⋯」

他說：「我的天！」這些人身上積滿了灰塵——整個地方看起來好像已經幾百年沒下過雨。一切都是乾枯的，沒有任何植物——花朵和葉簇。他沒看過這樣的地方。他說：「我的天，如果這就是天堂，天佑女皇！這是個危險的地方。」

聖人們赤裸的坐在樹下，沒有任何遮蔽物。他問這兒是否有過春天——人們說：「從未聽過。你說的春天是什麼？」沒有任何舞蹈、樂曲和喜悅⋯

他趕到火車站，詢問是否有到地獄的火車。他們說：「現在就停在月台上。」他上了火車，想要去地獄看看狀況——因為如果天堂的狀況是這樣：你無法想像地獄的狀況會如何！但隨著越來越接近，吹來的微風就越來越涼爽、充滿芬芳。當他到站後，看到了美麗的人們——男人、女人和小孩。他說：「我的天，似乎哪兒出錯了。這個地方應該是天堂，每個人看起來都很快樂。」

他下了火車後詢問某人：「你聽過蘇格拉底、佛陀、菩提達摩和芭蕉嗎？」

他們說：「他們是改變這個地方的人。這兒曾經非常破爛，但自從那些人來了這兒，他們改變了一切。現在到處都是充滿綠意的，像個綠洲。充滿著愛、樂曲和歌聲。到了晚上，每個人會跳舞和唱歌；現在每個人都在田裡工作。看到那個人了嗎——他是蘇格拉底，正在田裡工作。」

那是很大的衝擊。他醒了，剛好信眾都來了。人們聚在他身旁，察看他：「怎麼了？他睡著了嗎？還是失去意識了？」

伯克也來了這兒要聽他的答案。

神學家說：「我盡了最大努力，但仍找不到答案。我剛做了夢——我會告訴你們，然後你們可以自己下結論。我的結論是：我很抱歉，但我對你們說的一切是不正確的。不是好人或善人上天堂，而是無論好人和善人到了哪兒，就會創造出天堂。是否相信神是無關的。那是你們自己的幻想——可以相信或不相信。就生命最後的結論而言，那並不重要。」

你問為什麼天真的人會受苦。

有件事可以確定：他們不是天真的。他們不知道天真的美。天真的人不會受苦。無論他在哪兒，他就處於天堂。至於狡猾的人，無論他在哪兒——即使在天堂——也會受苦。

但如果你是因為恐懼，因為害怕被警察抓走，所以不犯任何罪，因為害怕法院和法律，所以必須表現好：如果你的善、天真和德行是因為恐懼而有的，那你並不是善良的。你只是個懦夫，而懦夫會受苦；他們應得的。天真的意思是勇敢的。在這個狡猾的世界，天真的意思是勇敢的。你會喜歡是天真的——忍受圍著你的火焰，但它們無法燒到你。

我從未遇到一個受苦的好人，因為每個善行本身就是獎賞，每個惡行本身就是懲罰。不是稍後、死後或離開這個世界才會有獎賞和懲罰。如果你把手伸進火裡，它會立刻燒傷——不是在來世或地獄中。因果是相連的；它們不會是分開來的。

如果你在受苦，想想你的天真是否是天真。你受的苦應該變成一個問號。你會發現你的天真不是天真，你只是懦夫。如果你的天真是天真，那即使整個天空灑落痛苦到你身上，你也會保持是不受影響的。

隨時記住，生命是現金，不是期票；你做了某件事，在那個作為中，就會立刻產生結果。

但人是奇怪的。我想到一個朋友；他認識我至少四十年了。當我從美國回來，他來看我。他自然很難過，因為我被非法拘禁、受到折磨和騷擾。他雙眼充滿了淚水。

我正在對記者講話，所以無法和他說話，但他坐著聽我講話。我告訴記者：「這是個美麗的經驗：你可以銬住我的手腳和腰部：但我仍然是一樣的，我的自由是不受影響的。你只是抓住了我的身體，不是我。」

當我在監獄待了三天，連獄警也來問我：「你是個怪人。我們從未看過任何人在監獄裡還這麼快樂。」

我說：「這是我第一次坐牢，我不想錯過任何片刻。我很享受，因為一切都是新鮮的；這是完全不同的世界。」

他們得到高層的命令，要用各種可能的方式折磨我，他們做了任何能做的。但隨著時間經過…有一天，第二天，他們開始問我——獄警、醫生和護士。無數的電報和電話來到，世界各地寄來的花朵，對我的問候，他們意識到「這是個罕見的機會。我們不能錯過。我們得問問…」

護士告訴我，以前獄警是一個月來一次醫院。現在他一天來六次。所有人都來醫院看我——有人想要我的簽名，有人想要我的照片，有人想要帶他的妻兒來和我照相。我說：「你們使我在獄中的時光非常快樂。」

到了第三天，當我離開監獄，獄警在機場告訴我：「當你剛來這兒，你看起來很疲倦；現在你看起來很有精神，奇怪。」

我說：「整整休息了三天」…因為我整天都沒做任何事，除了靜靜的躺著。睡覺是不可能的，因為他們在我旁邊放了兩部電視，開到最大聲，吵雜的，從早到晚。

他們讓所有的老菸槍…因為他們知道我會過敏，他們讓這些人住我的牢房周圍。所以充滿了煙……和持續播放的電視。所以無法做任何事，除了躺著，待在牢房裡，沒有出去。

三天持續不斷的煙，奇怪的是，過敏沒有影響到我。通常一點點香味、煙或灰塵就會使我氣喘。但我離開了身體，進入了內在，盡可能的深入，以便遠離那些煙——讓身體對付它。

醫生說：「你對煙敏感，但這持續不斷的煙卻沒影響到你。」

我說：「因為這三天我沒待在身體的層面。我盡可能使自己深入內在。」

我沒吃很多，因為那都是葷食，高層的命令是不能特別照顧我。所以他們不給我素食。我說：「不用擔心……」獄中的犯人會帶來他們的水果和牛奶。他們說：「你沒吃任何東西，他們沒給你素食。但我們每天都有一粒蘋果，一瓶牛奶——我們有十二個人。你不用擔心；你可以有十二瓶牛奶和十二粒蘋果。」

我說：「最好還是不要吃。因為你們對我的愛，我會吃點水果和喝點牛奶，但我想要我的身體不要過度運作。消化的意思是讓身體運作。所以讓它睡著——幾乎像死了，沒有任何運作。我不想讓他們知道他們可以使我氣喘。」

他們努力試了十二天，但無法造成我的困擾。而且監獄的每個醫生都得在報告中說我是非常健康的。

創造的情況就是要完全摧毀我的健康。我瘦了八磅，但沒有受苦。事實上，當我離開監獄，尼爾瓦諾說：「你看起來比以前還有精神。」

我說：「我瘦了八磅。」安利多，我的醫生，曾努力試過要讓我瘦下來。「他沒成功，但這些美國笨蛋做到了。我很高興；我不能說我有受苦。就他們而言，他們完全決定要讓我受苦，因為他們無法使我受苦，所以他們感到很沮喪……」

我跟記者說話，我的朋友在旁邊聽著。當我和記者談話結束後，我問他：「你好嗎？」他感到很震撼。你們得了解。他從很遠的地方來；同情我會讓他很快樂，因為我被折磨和騷擾，應該對美國政府採取一些舉動。

但當他聽到我很享受整個旅行，他的臉垮了；他看起來很失望。他說：「我以為……」我說：「你的想法來自你的頭腦。當你來找我，你的悲傷只有一個原因；現在你悲傷是因為另一個原因——因為你無法同情我。你錯過機會了。」

事實上，無論任何情況都沒人能同情我。我不允許，因為我可以享受各種情況。天真的人不會受苦。如果他受苦，那就不是天真；只是懦弱。任何真誠的事物都會帶給你喜悅。

可以確定的是，無論好人在哪兒，天堂就在那兒——不是好人會上天堂；是天堂會降臨於好人。

我不要你跟所有的教堂、廟宇、清真寺和謁師所做一樣的準備。他們讓你做好準備以便能上天堂，如果你不聽他們的，就會下地獄。我把你準備好是為了完全不同的經驗。我把你準備好以便天堂可以進入你。那是心理上的，不是地理上的。

當第一個俄國太空人，加加林，從太空返回……他是第一個進入太空的人。他拍了地球的照片，當他回來後，第一個問題是，俄國自然會想到的第一個問題——「你有遇到神嗎？」

他說：「不，沒有任何神。」

在莫斯科，他們興建了一個博物館，把他從外太空和月球上帶回來的一切放在裡面展示。在大門上刻了加加林說的話：我們探索了太空，但沒在任何地方見到神。

我想要對俄國和全世界的人說：探索外太空無法使你見到神。探索內在的空間，祂就在那兒。祂不是一個客體，祂會以主體的方式被發現，祂會以你的主體性被發現。你就是它，一旦你找到它，對你而言，就不再有任何痛苦、地獄和悲慘。

然後生命只會是慶祝的、魔術般的、奇蹟般的舞蹈。

第三十七章
向師父頂禮

奧修，以前和你在一起，從未感覺像現在一樣那麼像在家。這個地方充滿了這麼美的震動，我感覺裡面有很多震動是被你印度的弟子創造出來的。有時候感覺他們的舉止是如此融入在你的舉止中，以致於我開始問自己，我們，你西方的弟子，是否少了某些東西。看到印度的弟子向你頂禮深深的打動了我的心，有時候我覺得我沒機會了。頂禮讓我感覺不太對，偶爾才會想這麼做——我覺得那是其中一個美麗的時刻。請評論。

印度擁有不同於其它地方的震動。

那個震動來自數千年來的求道者的探詢。沒有其它國家有這樣的投入；它是特別且獨一無二的。印度的意識在求道的路上從未有片刻動搖過。它為此犧牲了一切；它為此犧牲了自己。忍受著奴役、貧窮、疾病和死亡——但它在求道的路上從不認輸。

那個尋找是如此久遠，已經深入到這個土地上的人們的血液和骨肉中。他們也許沒察覺到，但他們確實有一種不同的震動：不是他們自己的，而是他們承襲來的。他們帶著它出生。

我可以了解你的問題。

這個問題已經被用很多方式提出過，但你提出的方式是非常明確的：印度的弟子和西方的弟子之間存在著差異。

西方的方式是完全不同的。它根本的動力是去探索客體。客體是死的，好幾世紀來你一直探索沒有生命的客體，一種死氣沉沉的狀態一定會進入你的存在。

透過你的一切就能知道你這個人。

西方的頭腦被客體圍繞著。他的關注在於遙遠的星辰：只有一件事是他沒興趣的，就是他自己的存在。那個明顯的卻被忽略了，遙遠的一切變成你關注的焦點。你的存在自然會開始越來越遠離你的中心。

西方的頭腦活在圓周上——已經好幾世紀了。自然的，它在人類中創造了一種不同的文化和態度。它創造了自我的心理學。

從亞里斯多德一直到現在的西方教育都在強調去強化你的自我。那是自然會有的結論，因為你將會在一個很多人為了爭奪同樣的客體和目標的世界中成為其中一個競爭者。你無法是有禮貌的、友善的、非暴力的。你不會在意你的手段——你不會想用正當的手段去得到想要的結果。

如果手段是不正當的，那結果也不會是好的——因為最終而言，目標和結果是透過手段轉變而成。是走過的路來到了終點；錯誤的路不可能通往正確的目的地。

但為了競爭，你必須是狡猾的，因為別人是狡猾的。你必須比他們更狡猾；否則你會被打敗。如果你想要更富有，你就得拚了老命。你沒時間考慮手段和結果。你得把目光只放在目標上，變得更有權力、財富、聲望和名譽。怎麼達到目標是不重要的。

這些目標的達成只不過是在滿足你的自我：「我比其它人還重要和優秀。我是第一名，其它人都排在我後面。」在這樣的氛圍中，向師父頂禮是不可能的；那是違反自我的。

你可以從小地方看出東方和西方的發展——同樣的材料和能量——但不同的模式。在東方，你會向對方合十表示歡迎，在西方，你會握手。看到不同了嗎？

當你向某人合十打招呼，你會說：「我向你內在的神性致敬。」當你握手，則沒有神性的問題。事實上，握手的形成是為了確定你手上沒有拿著任何武器，確定你不是敵人。你伸出右手，顯示右手是空的——「我不是你的敵人。」使你們都處於同樣的狀態；互相握手。但裡面沒有任何神秘；只是個策略，外交手段。

右手是危險的，它可能會拿著武器；如果你沒有看到它張開、握著它、感受它，你會懷疑：對方可能會欺騙你。西方形成的握手是出於不信任。現在西方的歷史學家都同意握手是因為這樣而形成的。

但向對方合十鞠躬使你來到不同的層次。那個背景是不同的；你感覺被尊敬、感到榮耀——不是平凡的方式，而是最非凡的方式。它讓你想到你的神性、聖性。不是向你或你的自我合十。而是某個藏在你裡面的，超越你的自我的——你的本性、你的靈魂。

其次，合十也表示我對你的鞠躬不是半心半意的，兩邊的我合在一起成為一個整體——不是分裂的人格，沒有任何保留。因為當你握手，只會用一隻手。那只代表了你的某一邊，一半的你。那另一半呢？另一半可能不同意表示友誼的那隻手。它是分裂的、分開來的、半心半意的接受——你可以感覺到。

當你和某人握手，你可以感覺到那是冷的或溫暖的，那是有生氣的，或者像一根沒生命的樹枝。如果是半心半意，那就不會是溫暖的、有生命的。只會是形式上的，只是禮節——沒有任何深度。偶爾你才會握到一隻溫暖的手。如果那隻手是溫暖的，另一隻手也會來握住你的手；兩隻手會在一起。

雙手合十……東方用同樣的方式膜拜那個最終的、絕對的，也毫無分別的用同樣合十的手來歡迎人們。

在這兒，向師父頂禮則是極大的喜樂，因為那是你把自我放到一邊的時刻。在那幾個片刻中，你是純粹的存在，而成為純粹的存在就是成為純粹的喜樂。

但對西方的弟子而言是困難的。他一直被告知要抬頭挺胸。他被教育不對任何情況屈服；即使死也勝過屈服。他受的教育以個體的名義在支持他的自我。這只是欺騙，因為個體是完全不同的現象——那和自我無關。事實上，你的自我越巨大，你的個體性就越少。如果你是充滿自我的，就不會有任何空間留給個體性。

自我害怕鞠躬。

個體性不會恐懼，因為個體性會感到充實——沒失去任何東西，而是得到了某些東西。喜樂的花朵向它灑落；它感到新鮮、涼爽和寧靜的來到。對自我而言，那是死亡。但對個體性而言，那是真的活著。

西方一直被它的宗教、教育工作者和政客欺騙：「自我是你的個體性；讓你的自我變得更迅捷。」在俗世中，它確實有幫助。讓你可以對抗和冷酷的競爭，割喉式的競爭。它不在乎你用什麼手段：你的自我必須被滿足，然後一切就會是對的。

西方在本世紀發生了兩次世界大戰並不奇怪，而且它在準備第三次。在整個中古時代，西方以神的名義和愛的名義持續謀殺和燒死活人並不奇怪。對西方而言，把帝國主義的慾望散播到全世界是容易的。

在未來，知道靜心的人、回顧過去的人，他們會感到驚訝，像印度這樣的國家——如此巨大——卻這麼容易被征服。

那不是征服者的功勞，記住。而是戰敗者和被征服者——因為這些人活在完全不同的氛圍和背景下；他們在不同的震動下被養育。他們沒想過要為了土地和金錢而爭鬥和殺人。他們不是因為不夠勇敢而被征服，而是因為沒有蠢到要爭鬥而被征服。他們把路讓開：「有些笨蛋想要征服全世界——讓他們征服。你能從中得到什麼？」一種完全不同的生活觀：征服的想法是醜陋的、不人性的。

但對亞歷山大大帝、拿破崙和希特勒而言，征服是生命中最重要的事；沒其它重要的事了。

印度知道得更多。它知道確實存在著一種征服——但不是征服別人，而是征服自己。有個桑雅士問亞歷山大……因為他想要帶一個桑雅士回去雅典。他的老師，亞里斯多德，要他帶一個桑雅士回去。他聽到很多這些人的事，這些人似乎有一種完全不同的特質……「至少帶一個桑雅士回來。」亞里斯多德想知道一個桑雅士散發著什麼樣的氛圍，是什麼使整個東方處於不同的波長下。

那個桑雅士赤裸的站在河邊，亞歷山大介紹了自己：「我是征服全世界的亞歷山大大帝。」

桑雅士笑了。他說：「別傻了。回答我一個問題：你征服了自己嗎？」

亞歷山大從未這樣想過。那是如此陌生的念頭；他從未想過一個人得征服自己。

桑雅士說：「你有些膽量。不去征服自己卻征服全世界。令人羞愧！先征服你自己，那是唯一真正的勝利。」

我想到一個西方歷史學家從未提過的小故事。

當亞歷山大入侵印度，他在印度河紮營，那是印度帝國的邊界。那個帝國的國王是波拉斯。那時是雨季，印度河就像個海洋。那是很大的河，但下雨時會變成原來的數百倍大。亞歷山大和他的軍隊在等待河水退去，然後就能想辦法過河。

亞歷山大派了一條船過河，船上載著他的妻子。那時是沙羅伐拿月。在這個月，女性會在他們的兄弟的手腕上繫上一條繩子——稱為護身繩——她的兄弟會承諾保護他的姊妹，即使為此付出生命。

亞歷山大的妻子在盛大的歡迎下被送進王宮。波拉斯問：「妳為什麼來？妳應該先告訴我，通知我，這樣我就可以親自去妳的營帳。現在過河太危險了。」

但亞歷山大的妻子說：「我必須來…因為現在是沙羅伐拿月。我沒有兄弟，所以我想要你當我的兄長。」

波拉斯說：「多麼巧——我也沒有姊妹。我很高興認妳為我的妹妹。」她在他的手腕上繫了一條繩子，他承諾會保護她，即使得付出性命。

她說：「我相信你。記住，你很快就會和我的丈夫打仗。記住他是你的妹婿，不要讓我變成寡婦。」

當河水退去後，波拉斯和亞歷山大在戰場上相遇。在一個重要關頭…因為波拉斯騎著大象——在印度，大象被用在戰爭上——而亞歷山大騎著馬…在一個緊要關頭，波拉斯殺了馬。亞歷山大摔到地上，波拉斯正要用矛殺了他。

在那個時候，他看到了那條繩子。只要一剎那…亞歷山大大帝就結束了。但對於東方的頭腦而言，那條繩子和承諾比勝敗還重要：他收回了矛。

亞歷山大說：「怎麼回事？你原本可以殺了我，成為世界的帝王。」

他說：「那不行。我答應了你的妻子，只要我還活著，她就不會成為寡婦，我會保護她。所以起來吧，我不會殺你。」

波拉斯後來戰敗了。

你可以看到不同的態度：他被上了手銬腳鐐，帶到亞歷山大的帳篷裡，亞歷山大坐在他的王座上。現在，對一個救過你的人而言，這樣的行為是不人性的。

但即使被上了手銬腳鐐，波拉斯仍是遠比亞歷山大還偉大的個體。他的個體性和正直⋯⋯你無法奴役這樣的人。你可以把他上了枷鎖，但你無法奴役他。

亞歷山大說：「我該怎麼處置你？」

波拉斯說：「你不知道這麼簡單的事嗎？皇帝應該用皇帝的方式來對待。」

亞歷山大說不出話，他感到震驚。隻身在敵人的陣營中，被上了手銬腳鐐，但這個人的權威、聲音和力量⋯⋯他的氣勢仍然跟在他的王宮一樣：「你應該用皇帝的方式對待一個皇帝。」

亞歷山大收軍了。他沒有再深入印度。沒人知道他收軍的原因。因為他贏了戰爭；現在整個印度的門戶大開。他可以去入侵其他王國。波拉斯的王國很小，就在邊界上。

但我明確感覺到面對波拉斯讓亞歷山大了解到：他的狡猾成功了一次，但不會一直成功。那不是勝利——至少他很清楚；也許他的軍隊並不清楚。但他很清楚，他面對的是不同的人。

一個奇怪的人⋯為了一條繩子失去了整個王國；只是因為對某個陌生女人的承諾，而且是亞歷山大安排的陷阱。

對亞歷山大而言，這只是外交，沒有要用哪種手段的問題；結果才是重要的。但對波拉斯而言，那是完全不同的。即使他戰敗了，我仍說他是勝利的。如果人們可以用點智慧來撰寫歷史，波拉斯會是贏家，而亞歷山大則是輸家。

但這是個奇怪的世界：波拉斯被遺忘了，亞歷山大變成偉大的世界征服者。而且我們只知道發生在波拉斯身上的狀況。我們不知道從雅典到印度的路上，亞歷山大做了什麼。

印度確實對每件事抱著不同的態度和看法。

所以我能了解。對西方的弟子而言，當他看到印度的弟子流著喜悅的淚水觸碰了師父的腳，那是奇怪的進退兩難。他受的教育和制約說：「這是不對的。」但他的心覺得這是對的——這些淚水和喜悅不會是錯誤的。在他的制約和實際的經驗之間有一個衝突。心有時候會戰勝制約，對西方的弟子而言——儘管受到頭腦和在西方承襲的一切的阻礙——仍然跪下來觸碰了師父的腳，並感到極大的喜悅。一個奇怪的經驗⋯他並未失去自己的個體性，那是原本他在擔心的，也是使他擔心的。相反的，他的個體性被滋養了，變得更人性，有一天它會變成神聖的。

是的，自我會感到受傷。自我會試著說：「不要做這種事。」自我代表你所有的制約和承襲的一切。但自我使你感到滋養，無法使你有那些喜悅和感激的淚水；自我只會帶給你痛苦、煩惱和緊張。

由你決定要選擇哪一個。

差別是：對印度人而言，選擇並不困難；它很容易就發生了，全心全意的。對西方人而言，那個發生是困難的——進退兩難，心和頭腦之間的分裂…彼此爭鬥著。

但我得提醒你一件事：印度人得面對一個你不用面對的問題，他們不會遇到你的問題；他們的問題是觸碰腳只是個形式——他們觸碰任何人的腳。父親的腳、母親的腳和任何長者的腳。所以觸碰腳並沒什麼特別；那是很常見的、平常的，每天都會做的事。

所以當他們觸碰師父的腳，他們可能只是把它當成一個形式；這是他們的問題。他們可能不會從中得到任何東西。這個形式只是每天都會進行的。必須要做的，所以他們做了，他們一輩子都在這麼做。那不是什麼新穎的，不會打開一扇新的門——只是個藉口，只要跪下觸碰腳就結束了。

所以西方的弟子不用認為印度的弟子處於更好的狀態。並非如此。他有他的問題，你有你的問題。

如果你問我，我會說你的問題小於印度弟子的問題，因為印度的弟子從未意識到它。甚至沒問過…三十年來，我一直在回答問題，沒有一個印度的桑雅士問過：「要如何擺脫這種形式？要如何是真誠的、由衷的？」他們持續做體操並認為：「還能做什麼？最多就是這樣了。」——但他們什麼事都沒做。

我常和一個鄰居在早上去散步。他習慣在每個廟宇中跪拜。在印度，神的廟宇比人的房子還多。每過一或兩戶就有一間廟宇；如果沒有廟宇，就會看到哈奴曼或甘尼夏坐在樹下。他持續在每個地方跪拜。

我說：「聽著，如果你打算和我在早上散步，你得停止這些無意義的舉動。不管是這個廟宇或那個廟宇，你並不是因為任何感受而這樣做，當你沒有任何感受，何必這樣做？」

他說：「能怎麼辦？只是因為恐懼。自從跟你在早上散步，我發覺這是例行工作，如果我錯過一個哈奴曼或甘尼夏——我只是不看祂們——但會感到很深的恐懼，如果哈奴曼生氣⋯反正我沒損失⋯這只是個儀式。但我會返回。當你回家後，我得回到錯過的哈奴曼那兒向祂祈禱：不要生氣。我跟了錯誤的夥伴。那個傢伙建議我不要這麼做，所以我才停止的；不是我的錯。」

我說：「那你就做吧，但你不能跟我去散步。」

他喜歡跟我散步和講話。他因此很難過。他說：「我會試試——再給我一次機會。明天，無論任何事⋯還能發生什麼？我有一個妻子和一個小孩——三個人。最多殺了我們，就這樣。即使發生了最糟的情況，我也不會在意任何人。」

和我一起散步沒多久，只經過兩到三個膜拜的地方，他就開始發抖了。我握著他的手。他開始發燒。我說：「我的天，你怎麼發燒了？」

他說：「只要⋯我在嘗試，但我是如此害怕，這是個噩夢。我怕當我回家，妻子會死掉或者小孩會發瘋——沒人知道今天會發生什麼事。」

我說：「你回去做你的體操吧。」

他說：「謝謝你，你是個好人。但我還可以跟你散步嗎？」

我說：「可以。你做任何你想做的。」當他回去我們錯過的三個廟宇完成膜拜後，我握著他的手，已經退燒了。

印度人有一套他學到的形式，他會像機器人一樣的持續重複它；不是真的想這麼做。因此我從未遇過印度的桑雅士問：「要如何處理我的這些表面工夫？要如何讓它是由衷的經驗？」他們處於一個更困難的情況。

西方的桑雅士提問過很多次——「我們看到印度人的喜悅，感受到他們的震動，我們看起來好像少了某樣東西。」

你們是少了某樣東西。如果你可以把自我放一邊，你的收穫會比印度的弟子更多、更好、更深切，因為那將不會是形式上的。你經歷過了轉變才這麼做；那是有意識的作為。對印度人而言，那是無意識的、昏睡的。所以不要覺得自己是失敗者。任何人，無論是印度人或非印度人，只要無法把自我放一邊，都是失敗者。

求道路上的整個祕訣在於處於無物的狀態。透過那個無物，而有了感激。

師父是最接近你的。如果要你去感受無形的、觸碰無實體的、或聆聽只能透過心才能聽到的音樂，那會很困難。但當你臣服師父，你如同臣服了一扇門，透過它可以感受到一陣神性的新鮮微風、聞到彼岸的芬芳、有了一個對未知的瞥見。然後淚水會來到，深深感激的淚水——淚水是因為無法用文字表達它。

但因為你意識到了，所以我希望你可以把自我放到一邊，只是當成實驗。一旦你經驗到彼岸的甜美，就不再有實驗的問題了，不再有自我為你帶來任何麻煩的問題。你的自我會漸漸在陰影中消失。它會縈繞著你，直到你得到某些真實的。

師父是最接近的門。很快，你也能透過向玫瑰樹叢、日出或充滿星辰的天空鞠躬而有了同樣的經驗。一旦你知道了，無數的門就開啟了。

只要打開一扇門——那是你要做的——然後就不需要再請求，存在會為你打開無數門。每當你尋找，你會找到某個東西，使你想到了神性、真理、美，它會使你充滿了感激。

奧修，當我回顧我的生命，第一個二十一年似乎用來被程式化以應付一個不屬於我的存在。當我開始拋棄這個程式化，就有了尋找真理所需的能量。十四年後遇到了你，我的師父，我停止了尋找，得到了探索愛的本性所需的能量。現在，七年後，我和另一個美麗的弟子在愛裡面分享你的存在的喜悅，我似乎沒有其它的要求了。這些完美滿足的時刻是否會永遠持續下去？或者它們只是為了另一件事所做的準備？

求道路上會有些片刻讓你感覺到這就是旅程的終點了——不只感覺到它，還想要它，因為這是如此的喜樂以致於無法想像還會有比這更美好的。

你正處於這樣的片刻，在這樣的片刻中，自然會想要它永遠持續下去。但我想對你說，你在要求某個不利於你的，因為之後還會發生更多美好的。一直會發生更多美好的。永遠不會來到一個可以說這就是極限的狀態。永遠不要想讓這個片刻永遠持續下去，因為如果這個片刻永遠持續下去，那些還沒探索的、在前方的美麗片刻怎麼辦呢？

我要對你說一個美麗的故事。

泰戈爾，其中一個世界誕生出來的最偉大的詩人，在他的某一首詩中說他已經用了幾千世尋找神。有時候他在某個遙遠的星辰中看到祂的影子；他趕往那個星辰，但等他到了那兒，神已經走了；所以他不斷移動著。有時候他在某個遙遠的地方看到神的臉…但同樣的故事一再發生，雖然越來越接近祂了，每次都能看到某個東西。透過影子…他開始在自己裡面看到神。剛開始只是個模糊的形象。漸漸的，他可以看到臉、眼睛、笑容…祂越來越接近。

有一天，他看到一間房子，美麗的金色房子，門上有一塊板子寫著：「這是神的家。」他很高興。無數世的旅程，這麼多困難和艱辛…但最後他做到了。你可以感受到他的喜悅——他跳著舞，走上了四層梯階準備敲門。

當他正要敲門時，腦中有了一個念頭：「如果這真的是神的家，當祂開了門，我該做什麼？我只知道尋找、探求和跋涉。經過了無數世，我變成了專家，尋找和探索的專家。永遠待在這個房子裡要做什麼？它也許是用黃金興建的，但這是危險的。那是進入自己的墳墓，生命結束了，你見到了神——還有什麼能要求的？不再有任何挑戰、不再有需要探索的，沒有任何地方要去。一切結束了；這是死亡。」

他變得很害怕，把鞋子脫掉，以免弄出任何聲響，因為誰知道？——也許只要一點聲響，神就會打開門：雖然他還沒敲門。但神會說：「你要去哪兒？進來。」於是他逃走了。

他在詩中說：「從那時起，我就一直在逃跑。人們問我要去哪兒。我對他們說我在尋找神。但我知道祂在哪兒。這是好事。因為知道祂在哪兒，我就能避開那個地方。全宇宙都任我遨遊。神在祂的房子裡，而整個宇宙和它的美、喜悅和旅程都是我隨手可得的。只要不理會那個地方，不進入那間房子。」

他的詩含有很大的洞見。

不存在任何終點，因為每個終點都會是死亡。而生命不知道任何死亡；它會持續下去。所以這只是個準備；隨時都是為了下一段旅程所做的準備。

你可以稍作休息，但記住：這只是在旅館過一晚。當太陽升起，我們的旅程會再次開始。生命是從永恆到永恆。

第三十八章
反對個體的陰謀

奧修，世界為什麼很難如你所是的接受你？

這含有很多暗示。

首先，世界從未如任何人所是的接受他。這是世界的其中一個基本原則，也是它對待個體的方式。

個體是勢單力薄的；他生下來就是無助的，一個孩子。世界一直是巨大的；它擁有所有創造和摧毀的力量。小孩不知道自己是誰——他當然會需要一個身分。所以世界開始根據自己的需要來塑造他。

世界不是為了個體而存在。整個努力是在讓個體為了世界而存在。

世界一直存在著，然後個體來到了。所有既得利益者都在：宗教、文化、文明、生活方式、信念體系。為了讓個體像輪子的榫一樣的運作著，世界讓小孩被程式化，就像電腦被安裝程式一樣。

小孩並沒被當成神聖的客人一樣的被尊重、被愛、被允許成長和找到他自己的身分。

小孩被當成商品：對於已經存在的相關利害人而言，問題在於如何讓他更有用。

整個教育系統、教士、政客、領袖、所謂的智者——他們都在安排反對個體的陰謀。那個陰謀就是毀掉他的個體性、自由和智慧——任何反叛的可能。不該有任何個體有機會說不。他應該被程式化而變成一個服從的僕人。

因此，服從會受到很大的讚揚：父母喜歡服從的小孩，老師喜歡服從的學生，社會喜歡服從的人民。那些不服從的、和別人合不來的人則會被譴責。沒人想被譴責，當全世界都站在另一邊，一個人會感覺很渺小——一滴露珠對抗整個海洋——而且他不能認為自己是對的；海洋才會是對的。

個體的內在中創造了一個奇怪的分裂。如果他跟隨海洋；群眾，那他就是在對抗自己的本性，他在自殺。他會過著死人般的生活。他會呼吸和走路，但他不再是自己。他只是被程式化了、被制約了——「他的主人的聲音，」一張持續播放同一首歌的唱片。那首歌不是他的；那是別人給他的。社會想要他複誦它。

社會憎恨個體。社會要你加入群眾，配合群眾。停止做你自己；只要成為社會決定好的模範榜樣的複製品。它不會問你想成為什麼樣的人——模範榜樣是別人決定好的。你只是犧牲者。

地球上的每個個體都是群眾的犧牲者。

所以第一件要了解的事是，不只是我，不只是我的個體性是世界很難了解的。被程式化的人腦不會接受任何個體。

那就是所有文化和文明的基本態度：為了集體性頭腦的利益摧毀個體。

我們創造了充滿奴隸的世界。有印度教徒、回教徒、基督教徒和共產主義者。但你不會找到任何只是做他自己的人，找不到不是共產主義者、天主教徒或印度教徒的人。這些都是群眾的名字。

就我而言，事情變得更複雜——接受我是困難的，很困難。因為我說的一切是困難的——但我的教導是很簡單明顯的。困難來自於群眾的那一方。接受我表示得否定他們好幾世代以來接受的制約。接受我表示否定他們的宗教、經典、所謂的領袖、聖人和他們的生活方式。但一直以來，他們一直把它當成最重要的東西、當成正確的路來行走。

而且為了一個人拋棄承襲的一切……雖然那吸引你的理智和你的心，但為了一個人拋棄數千年的一切是很困難的。

我想到本世紀其中一個最偉大的哲學家，羅素。他很長壽，幾乎一百歲。他經歷過很多不同的時期，他看著世界經歷過很多改變……一百年是很長的時間。

他被傳統的基督教徒養育長大。他是英國皇室的一份子，他是個貴族。但當他開始在大學研究哲學，很難不把基督教當成三流的宗教……因為他認識了佛陀。

他在自傳中提到：

他否定了基督教。他寫了一本書「我為什麼不是基督教徒」，他在書中寫下了他為什麼要拋棄基督教的所有理由。那本書到現在一定有六十年了，沒人回應。沒有任何基督教的神學家可以回答，因為他的論點是如此明顯和明確。理智上來看，他在試著解除自己接受的基督教制約；那本書是解除那些思想的練習。

就在某晚，當他完成了整本書：他很高興和某個迷信的、醜陋東西的關係結束了，那個東西是二千年來這麼多流血衝突的原因，沒有教導愛，反而在世界上創造了更多恨。

羅素受到佛陀很大的影響。佛陀確實有一套精闢的論點和跟隨智慧而不是傳統的勇氣。耶穌仍然相信神。佛陀也承襲了相信神的傳統，但他的智慧不接受它。

其中一個簡單的論點就是：如果神創造了人，那自由是不可能的；只能選擇神或自由。不是選擇神存在或不存在，而是選擇神或自由——因為如果神創造了人類，那我們只會是被製造出來的傀儡。而神似乎是異想天開的⋯⋯

祂沒有任何特別的原因就在某個時候創造了世界。在那之前的永恆，祂在做什麼？是什麼原因使祂想在某個時候創造出世界？如果祂只是異想天開的、瘋狂的——腦中有了這個念頭，所以祂就創造了——如果出現了摧毀的念頭，那誰能阻止祂？祂可以在這一刻就摧毀掉它。

佛陀說：「我無法接受神的存在，因為我無法接受意識是被創造的。我無法接受存在著一個異想天開的造物主，因為那也暗示了異想天開的毀滅者的存在。那行善的意義是什麼？

如果世界被創造出來只是因為異想天開，所有的法則都被神控制著，那以前會上天堂的好人也許明天就會開始下地獄。你能做什麼？你要向誰抗議？神不是看得見的，不是可以聯繫的。」

而佛陀說過，也思量過——如果一開始是神創造了人，那祂也創造了人的憤怒、性、貪婪、嫉妒和暴力。然後每個宗教的教士、聖人和聖雄在譴責這一切。直截了當的說，他們是在譴責神。

葛吉夫常說所有的聖雄和聖人是反對神的，因為神創造了性，而這些人卻教導禁慾。你並沒有創造出性和野心，但所有宗教的聖人都在譴責它。他們確實在反對神。

佛陀說：「與其接受這個情況，我選擇否定神的存在和造物主的觀念。」

羅素被深深的打動。佛陀活在早於耶穌五百年的時代，但他為了支持自由和進化、為了支持人類轉變自己的努力和為人類帶來更多的意識和存在而敢於否定神。

那晚他心想：「佛陀確實是遠比耶穌還偉大的人。但我能這麼寫嗎？」他閉上雙眼：然後寫在他的日記中：「理智上而言，我了解佛陀是更優秀的存在，但我的制約：雖然我否定了基督教，但在我的無意識中更黑暗的角落，它還在徘徊著。我不能給佛陀高於耶穌的評價。我最多可以讓他們平等，雖然我知道在佛陀面前，耶穌是無足輕重的。理智上我是了解的，但有一個非理智的部分，被數千年來的制約支配著。」

世界發覺很難接受我。

世界曾經有過個體——世界發覺很難接受他們，但世界沒有反對他們。一部分的人類隨時準備要接受他們，因為他們被那部分和它的程式化支持著。例如，猶太人不接受耶穌，但現在幾乎一半的人類都是基督教徒——他們接受了他。

馬哈維亞可能無法被全世界接受，但他被一小部分的人類接受了，也就是耆那教徒。馬克思可能無法被全世界接受，但世界幾乎有一半的人是共產主義者並接受了他。

這些個體都處於比我有利的局勢：至少有一部分的人類，一群人，接受了他們。我則是完全單獨的。印度教徒無法接受我、回教徒無法接受我、基督教徒無法接受我、共產主義者無法接受我、資本主義者無法接受我。這是空前絕後的。

其中一個印度最富有的人是比爾拉。他在廣播上聽到我說話，被深深的打動，所以他詢問我的一切，想要見我。當我待在德里時，他邀請了我，於是我去了他的別墅。他年紀很大了。

他說：「我可以給你一本空白支票。無論你要多少錢，都可以從銀行拿，不用問我。只要承諾我兩件事：對全世界宣揚印度教，以及散播殺害母牛是最大的罪的觀念。」

我說：「你找錯人了，但你的空白支票得救了。你再等等，也許會找到某個人。我無法宣揚印度教，因為我知道印度教是其中一個最古老的宗教。身為其中一個最古老的宗教，它需要更多的創新，現在的它幾乎像是廢墟。身為其中一個最古老的宗教，沒有值得現代重視的東西。」

他說：「你說的值得現代重視的東西是什麼？印度教具備了一切。」

我說：「很明顯。你把堅陣稱為法王：「宗教的帝王」——但他是個賭徒。而且不是一般的賭徒。他賭上了整個王國，所有的財產，最後還把自己的妻子當成賭注。首先，他是個賭徒，這是醜陋的。其次，他完全不尊敬人，他的妻子。他把女人當成商品。而印度教徒仍把他稱為「宗教的帝王」。我做不到。對我而言不可能，我必須譴責他。」

但印度教徒沒有勇敢到去改善他們的宗教。他們如實的接受它古老的一切，沒做任何改變。事實上，對印度教徒的頭腦而言，越古老的東西就越重要。

持斧羅摩，印度教神祇的其中一個化身，聽從父親的命令殺了他的母親。他的父親是多疑的——也許每個丈夫都是多疑的——他有一個美麗的妻子。而持斧羅摩只是因為父親的多疑和嫉妒就殺了自己的母親，而祂被認為是神的其中一個化身。首先，嫉妒和多疑就已經不對了，其次，即使你的懷疑是對的，那就離婚，而不是把她斬首。

我問比爾拉：「如果母親叫持斧羅摩砍掉父親的頭，你覺得情況會如何發展？持斧羅摩會被承認是神的其中一個化身嗎？神是男性，父親是男性，兒子是男性——這是男性的世界；所以殺掉女人是沒問題的。」

而且持斧羅摩是個婆羅門，印度教最高的種姓，父親懷疑母親跟一個戰士外遇。你無法在世界的歷史上看到這麼愚蠢的情況，因為母親被懷疑⋯而且只是懷疑，並不確定；他從未問過母親。沒有證據。他不只殺了母親，還殺了地球上所有的戰士——因為不知道那個戰士是誰，所以把他們都殺了。不管他是誰，他會失去生命。這麼暴力的人！我不認為之前有過這種殺人魔。沒有使用任何原子彈、氫彈或核武，他單手就摧毀了第二高等的種姓：剎帝利；戰士。

但是你可以在世界各地找到剎帝利——他們從哪兒來的？因為一個體制，印度教的經典從未譴責過：那個體制就是任何女人都可以去找印度教的聖雄或聖人，向他要求小孩。出於禮貌，聖雄會和女人做愛⋯所以每當你看到一個剎帝利，一個戰士，他不會是純種的剎帝利；婆羅門的血液摧毀了他們的純粹。

持斧羅摩殺了所有的男人；現在所有的女人都沒了丈夫。為了種族的延續，她們必須去找婆羅門的聖雄。所有女人都被婆羅門姦淫了，但沒人譴責。

我在等待傳票⋯在報紙上，有篇新聞說馬納利的法院要送傳票給我，因為我說在印度教的經典中找不到任何真理。而這嚴重的傷害了某個人的感受，以致於我得上法院。這些笨蛋沒想過最好不要挑釁我——因為所有印度教的經典都只是色情作品。在印度教的經典中尋找真理⋯你無法在任何經典中找到真理，無論是印度教、回教或基督教的經典。

於是我對比爾拉說：「原諒我。我同意應該停止殺害母牛，但其它的動物呢？公牛呢？母牛是印度教徒的母親。而公牛卻被屠殺。於是我問他：「那父親呢？」

他說：「什麼父親？」

我說：「你的父親。」

他說：「他過世了。」

我說：「我是指公牛。」

他說：「你是個怪人。」

我說：「我不是怪人，你才是怪人。把母牛稱為你的母親，就等於承認公牛是你的父親。你不能否認。還有其它的動物呢？沒有印度教徒在乎其他的動物，所以那不是尊敬生命，只是迷信。應該拯救母牛，其它的動物也應該被拯救。生命是應該被尊敬的，任何形式的生命都不該被摧毀。」

和我在一起的問題是我是完全誠實的。

我在阿姆利則的時候，因為我在談論其中一段重要的經文，靈魂之歌，錫克教徒很高興。因為除了錫克教徒，沒人談過它，而且如此深入的分析。他們邀請我去他們的謁師所，裡面的管理者提出請求：「如果你能談論我們其它的師父會是莫大的榮幸。」

我說：「那不可能。我可以說，但你們不會喜歡聽的。」

他說：「為什麼？」

我說：「我可以談論那那克。我很喜愛他。但你們剩下的九個師父沒有一個是師父，都只是政客——不斷的殺人和爭鬥。你有看過那那克拿著劍的圖片嗎？但其他九個人⋯」錫克教有十個師父。其他九個都拿著劍⋯身為一個錫克教徒，你必須有五樣東西；他們稱為五K。

在旁遮普，劍被稱為卡撻——其中一個K。另一個K是楷悉：頭髮。第三個K是很奇怪的，我一直無法了解⋯我問錫克教的教士：「其它的K都沒問題，但第三個K⋯？」

他們說：「別理會它。」

我說：「我無法不理會，因為那是其中一個主要的。」第三個K是卡曲恰，意思是內衣。

我說：「奇怪；要成為一個宗教人士就必須穿內衣。我看不出宗教和內衣有什麼關係。如果你要我認同這點，我做不到。頭髮並不重要，劍也不需要。而內衣則是絕對不需要的。」

奇怪的人。

於是他們說：「你無法談論我們其它的師父？」

我說：「他們不是師父，而且我得批評這類奇怪的事情。」

回教徒有很多次帶著可蘭經來找我：「請談談它。」我試著深入看過它，想看看是否有任何值得談論的。但我找不到任何值得談論的。

全世界的宗教無法接受我，因為接受我不是很容易的。首先它們得否定腦中所有的宗教觀。困難就在這兒。

所有的政客都在擔心，因為他們玩的手段是一樣的：如何支配人。而我的努力則是讓人們更強大、更熱愛自由以致於沒人可以支配他們；人們是如此有智慧以致於沒人可以剝削他們。所以自然沒有任何政客會支持我。

很多國家的國會都通過法令不讓我進入他們的國家。我從沒去過那些國家，我沒說我想去他們的國家，但他們採取了預防措施以免⋯

甚至德國的國會，率先命令所有的大使館不能讓我進入德國：不只如此，我的飛機不能停在德國的機場，即使是為了加油——我甚至沒走出飛機。我沒想過希特勒死後留下了這樣的懦夫。他們都是希特勒的孫子——如此無能。希特勒一定在他的墳墓中長吁短嘆，他的國家剩下什麼樣的政客。

而且他們持續說謊。在印度的國會中，反對黨的領袖問：「政府是否有要求奧修不能讓任何外國的弟子來找他？」相關的部會首長在國會中說：「沒有這樣的要求。任何外國的弟子都能跟其他旅客一樣來到印度。」

但我收到桑雅士的信，印度的大使館拒絕讓他們入境。

他們在雅典被拒絕了。因為有個桑雅士看到官員的聲明，她穿著紅色的衣服去大使館。他們立刻拒絕她的申請：「任何桑雅士都不能去印度。」

就在兩天前，有個澳洲來的桑雅士，他說另外兩個桑雅士——沒有穿紅色衣服，沒戴項鍊——被拒絕了。他們問：「為什麼拒絕我們？」大使說：「你們是桑雅士。」他們說：「我們不是桑雅士；我們不知道誰是奧修，」但大使說：「我知道桑雅士的氛圍。」

他們從那個人那兒拿了書面的文件，因為我通知了世界各地的桑雅士：任何拒絕你的大使館，而且拒絕你的原因是因為你是桑雅士，就把他們拒絕你的文件拿來。我們可以在那些國家控告他們，我們可以在這個國家控告這個政府——「你們的部會首長在國會中說謊，欺騙全國。你在國會說了一件事，但卻命令大使館做了完全相反的事。」

這些政客無法接受我。

他們對人性和人類的意識一無所知。不了解人類的演變，也不渴望人類的進化。人應該保持智力低下以便他們可以繼續擔任領袖。在智力低下的群眾中擔任領袖是容易的。當人們是有智慧的，那事情就不同了。

我在大學當過教授。那時拉達克里希南是印度的總統。在那之前，他是瓦拉那西印度大學的副校長；所有的教育學者都因此感到光榮，把他的生日訂為教師節：「有一個老師變成印度的總統了。」

我的學校也因此舉辦盛大的慶祝。副校長在領導國家，有很多讚美他的演講。他們要我也去說點話。他們完全不知道我不接受虛偽。

我問了副校長：「我只有一個問題想要在教授和學生面前提出：有個教授變成了國家的總統，所有的教授因此感到很光榮，他們的自我被滿足了。我不同意這天應該被訂為教師節。我們應該等總統變成老師，為了當一個老師而放棄總統的職位。那時我們才應該把那個日子訂為教師節。今天應該是總統節——你們慶祝它是因為有個老師變成了總統，但重點在於變成了總統，不是老師。是總統應該變成一個老師——那才真的讓老師感到光榮。一個總統應該說：當一個總統比不上當一個老師。」

一片寧靜。副校長看著校長，校長看著院長——「應該要有人回答。」

我說：「有人要回答嗎？或者我自己回答自己？」最後我得回答自己：「這不是教師節。

再等等。我不認為會有總統為了當一個大學的老師而放棄職位。」

拉達克里希南很生氣。我有個朋友是國會的議員，遇到了他；他很生氣。扎克爾也很生氣。因為他也曾是印度的副總統和阿里格爾大學的副校長；兩個人都是老師。當我經過德里，我說：「如果他們仍很生氣，我想要和他們會面。」

拉達克里希南說他生病了，但扎克爾見了我，我問他：「拉達克里希南生了什麼病？——因為今早他才在機場接待某國總統；下午還在國會。然後要見我就突然…病了。告訴他，我會留在德里——如果我是他的疾病，那我不會離開。你也應該生病，因為如果你有任何膽量，就該放棄你的副總統去當一個老師，然後我們就能慶祝教師節。」

扎克爾說：「但會有困難。」

我說：「不會有困難，只會有一個問題：拉達克里希南的任期快結束了，而你將會變成總統。那是唯一的問題。」那就是實際發生的。當拉達克里希南退休了，全國都完全忘掉這個人任職時，各大院校都在慶祝。當他不再掌權，沒人知道他在哪兒。直到他死了；報紙上有一個小地方寫著「拉達克里希南博士在今晚逝世。」沒人在乎他的死。

政客是渴望權力的。

我的看法是，渴望權力的人是心理上有病的人。他們承受著自卑感之苦；內心深處有一個很深的傷口。他們想要掌權來說服自己是重要人物，也說服你不能把他們當成普通人，而是重要的人。

記住，這是最平凡的慾望：成為非凡的——每個人都有的一個很平凡的慾望。真正非凡的人是不想成為非凡的人，他完全安定在自己的平凡中。

但對於宗教人士、政客和富人是很難的，因為我持續教導科學已經有足夠的技術能力，使世界上不再有任何人是貧窮的。

這有點不好了解。貧窮可以被解決，但問題是有些病態的人想要富有，如果沒人貧窮，那他們要如何更富有？要如何比較？貧窮可以被摧毀，但掌權的富人用各種方式不讓貧窮被摧毀——因為如果貧窮消失了，他們的富有也消失了。那是比較性的。

美國每年持續傾倒數十億美金的食物到海裡。去年，歐洲每半年傾倒的食物都花了兩億美金。這不是食物的價值；而是傾倒它所花的錢，人力的支出。

但世界正因為貧窮而垂死。

這些人是誰？而且不是只有東方的人們在死去，所以他們不用在意。美國有三千萬人死在街頭，但美國仍持續傾倒食物和山一樣大的奶油⋯⋯而人們在街頭垂死。

有些事要了解：人們的心理是病態的。只有到處都是窮人，富人才會一直是富有的；對少數自認富有的人而言，窮人是絕對需要的。對少數自認美麗的人而言，醜陋的人是絕對需要的；否則所有的醜陋和貧窮是可以消失的——科學已經為兩者提供了這樣的技術。但那些技術沒被使用。少數人阻止那些技術被使用，因為他們對某些人處於貧窮或醜陋的狀態感到很高興。

我曾住在加爾各答：屋主很美麗，總是很快樂，因為他成功的讓自己越來越富有。但有一天，當我抵達加爾各答——他和他的妻子來接我——他看起來很難過。我說：「這不像你，怎麼回事？」

妻子說：「我會告訴你。他不想告訴你。他有了重大的損失；少了五萬盧比。」

我問他：「怎麼回事？她說得沒錯嗎？」我問妻子：「把整件事告訴我。他怎麼損失五萬盧比的？」

她笑了，她說：「很可笑：他希望在某個生意中賺十萬盧比，但只得到五萬盧比。我對他說：「你賺到了五萬盧比。」他說：「妳閉嘴。我損失了五萬盧比」——本來應該是十萬盧比。」

這些人是存在的，他們的損失只是腦中的想法。已經賺到了五萬盧比；那不算什麼，無法使他們快樂。他們是痛苦的，被投射出來的損失只是自己的想法——實際上沒有任何損失。他賺了五萬盧比，但那沒使他快樂。

富人不想要貧窮從世界上消失。沒錯，他們想要為貧窮的小孩開設學校，為窮人、孤兒和土著設立醫院。他們會頒發諾貝爾獎給德瑞莎修女。這些諾貝爾獎的頒發是用來使世界貧窮和充滿孤兒的。

他們無法接受我的原因是很明顯的：接受我表示他們得改變全世界，整個世界的前景，那似乎太龐大了。摧毀我會比改變他們自己容易多了。但即使他們摧毀了我，他們遲早也得改變自己。

也許會需要一點時間，但真理將會勝利。

奧修，西方的藝術和文化的誕生來自於基督教引起的心理扭曲和受苦。在西方，我們不知道慶祝的藝術。要怎樣做才能改變這個偏執狂的模式？

必須宣告基督教已經死了。

就如同猶太人總有一天得把耶穌釘上十字架，我們也得把基督教釘上十字架。就創造力的所有層面而言，它創造了非常扭曲和病態的心理狀態。原因就是這個宗教奠基於耶穌的十字架刑。這是死亡的宗教；那就是扭曲的原因。它不是生命的宗教。

在基督教的教堂裡，當耶穌被釘上十字架，那創造了一種悲傷；墓地的悲傷，年輕且單純的存在被釘上十字架的悲傷。你無法唱出美麗的歌，你無法跳舞；那會和教堂的整個氛圍不一致。

基督教把這表現在繪畫、音樂和其它形式的藝術上。它們都是悲傷的、病態的、精神不正常的。除非基督教消失，否則西方永遠無法自由的跳舞和慶祝。

基督教教導這個生命是有罪的生命。你們都是罪人，你們都是帶罪而生——在這樣的背景下，你如何能唱歌？有了罪惡感的你如何能跳舞？心理上而言是不可能的。

美國的司法部長幾天前在一個記者招待會上宣稱：他被問為什麼沒囚禁奧修。他說了三件非常重要而需要記住的事。

第一件事，他說：「我們優先考慮的是摧毀社區。」但為什麼他們優先考慮的是摧毀社區？社區座落在沙漠中；最接近的美國村鎮有二十哩遠。我們幾乎是一個獨立的國家。沒人來參觀過美國的村鎮。我們是如此喜樂，透過我們的靜心、工作、舞蹈和歌聲、把沙漠變成綠洲——我們成功了。

那塊土地好幾世紀來都是沙漠。沒有任何花朵；當我到了那兒的那天，一隻鳥都沒看到。那是一百二十六平方英哩大的土地，不是個小地方。只不過是荒蕪的、沒生命的：我們使它有了生命。

五千個桑雅士興建房屋和馬路，耕種土地。我們生產了自己的蔬菜和乳製品。五千個人在早上靜心，聽我說話，和我在一起；他們在白天工作。五千個人一起在一個廚房吃飯；甚至午餐和晚餐時間也是個慶祝。然後人們在晚上跳舞、彈吉他：我們完全沒考慮到美國。

我們完全不是美國的一部分，我們和美國無關。美國的司法部長為什麼要說：「我們優先考慮的是摧毀社區」？優先考慮的是摧毀我們的慶祝、笑容、舞動和歡樂。

因為他們從未見過這樣的事。他們的教堂是悲傷嚴肅的，

我們也有集會，但我們的集會是歡笑和喜悅的集會。那大大的傷害了他們的自尊，在沙漠：一開始他們以為我們會失敗。但我們成功了；那是個傷口。他們很納悶：我們要在沙漠

做什麼？我們為小孩創造了學校，我們創造了醫院和大學，人們從世界各地來到。

阿拉伯有麥加和麥地那，以色列有耶路撒冷，印度有卡西和維拉爾，但美國沒有任何地方可以稱為神聖的，美國沒有任何神聖的地方。我們在美國創造了第一個神聖的地方，人們來這兒朝聖。美國人也開始來參觀，他們不敢相信人們是如此快樂、有愛心和平靜。

五千人用了五年的時間：沒有人傷害任何人，沒有發生任何衝突。不存在任何政府，但卻沒有任何危險。沒有小家庭；這是個大家庭——我的想法是屬於未來的家庭和社區。人們擁有最好的食物。沒有貨幣的存在，因為你無法在社區中買到任何東西。你需要的一切都能被社區滿足；金錢消失了。我從不知道一元美金長什麼樣子。

美國所有的基督教教會都反對我們，因為他們的根基被動搖了。我們不相信神、耶穌基督和任何宗教，但我們仍如此快樂——而且我們創造了一個屬於自己的天堂。

司法部長沒發覺到自己說出了事實：「我們優先考慮的是摧毀社區。」其次，他說：「奧修沒犯任何罪，我們沒有任何不利於他的證據，所以怎麼能囚禁他？」第三：「即使囚禁了他，我們也不會這麼做，因為我們不想讓他變成烈士。囚禁他會創造出全世界同情他的聲浪。」

他們已經見識到了。只是把我囚禁十二天，全世界包括美國，產生了很大的同情聲浪，要我離開美國。

但他說的話使得很多事看起來很奇怪。他承認他是美國最高的法律機關；他承認我沒犯任何罪——他們沒有任何證據——但我仍被罰了四十萬元。為了什麼？我考慮要控告美國的司法部長，因為如果他是對的，那些錢就必須退回來。

但他們必須判定我要繳交罰金，只是為了讓全世界知道把我囚禁十二天不是沒有原因的。他們不準備進入審判，所以在審判前，司法部長把我的律師叫去：「我們何不在審判前先談判？」

他們列了一百三十六項我犯下的罪名，但他又說我沒犯任何罪——你可以在全世界找到比他更大的罪犯嗎？

他們發明了一百三十六項罪名，然後對我的律師說：「如果你想要拯救奧修的生命，你最好接受任兩項罪名，就不用進入審判。我們會對那兩項罪名判處一筆小罰金，然後你們就可以立刻把奧修帶出美國——十五分鐘內。我們不想讓他在美國待超過十五分鐘。」

現在我可以了解他們為什麼不想讓我在那兒待超過十五分鐘——因為所有罪名都是假的；我可以上訴到更高層級的法院，因為這是勒索。

他們威脅我的律師：「如果你想要救他，只要接受兩項罪名。只要一點點罰金⋯還有五年內不能進入美國。」

我的律師哭著來找我——因為在這十二天後，他們不再是專業的律師了，幾乎變成了我的弟子。他們無法坐在我面前的椅子上。甚至當他們來監獄找我，也是坐在地上。我會說：「這不對。你們不是我的弟子，你們是專業人士。你們並不了解我。」

他們說：「那感覺很怪。我們覺得坐在地上比較好。」

我說：「但你們為什麼要哭？」

他們說：「因為我們得同意接受你沒有犯下的兩項罪名，我們得同意他們，因為我們不想讓你有生命危險。那純粹是勒索。」

他們說：「我們一生中從未看過」…他們是美國最頂尖的律師。「我們從未看過這種事，政府威脅「如果你們進入審判，那他會失去生命，所以不要進入審判。」因為他們知道在審判中，他們無法證明任何事。但政府和國家的自尊必須被維護。所以我們得接受兩項罪名。」

「我們為了你來這兒和他們對抗，我們哭泣是因為我們沒有對抗；相反的，我們故意站在謊言的那一邊。我們無法證明這些是謊言，但你的生命比我們還重要。所以請不要在法院和我們爭執，否則我們會進退兩難。」

所以我讓他們接受了兩項罪名。然後又是個謊言，他們說的一筆「小罰金」。四十萬元不是一筆小罰金——只因為兩個虛構的沒有犯下的罪名，沒人做了任何事。然後五年不能進入美國，所以我無法回去說他們做的一切是勒索。

還有十年監禁的緩刑…我後來才知道它的意思。我問：「那是什麼意思？」那表示如果我在五年後進入美國，犯了任何小罪，法官就能判我坐十年的牢——不用任何審判。警察只需要把我帶到法院，說我犯了什麼罪，不會有任何審判，法官就會同意讓我坐十年的牢。所以事實上，他們使我有十五年無法進入美國。

但現在司法部長說我沒犯任何罪，他們沒有任何證據。而且他們說我得在十五分鐘內離開美國。甚至不讓我在美國停留一天，因為即使只是一天，事情也會因此不同——我會上訴到更高層級的法院。所以十五分鐘內直接從監獄到機場，我離開了美國。

這些人是政客。所以他們怎麼會接受我？他們害怕人類會變成一個慶祝，因為是人類的痛苦使他們能夠掌權。如果你不是痛苦的，他們的權力就會消失。

如果你想要西方變成一個充滿慶祝的地方，基督教就得死去。那算不上死，因為你肩上扛的真的是一具屍體。它是發臭的，但你的執著……

在印度，我們有一個跟濕婆有關的美麗故事。他非常愛他的妻子以致於當她死了，他不相信宇宙中沒有醫生治得好她。每個人都試著說服他：「你瘋了。在你的執著中，你是盲目的——她死了；現在沒有任何醫生能做什麼。」

但他不理會。肩上扛著妻子，到印度各地尋找可以治好她的醫生。漸漸的，發臭的身體開始分解——一隻手掉了，然後另一隻手也掉了，一隻腳掉了，它在發臭——但執著也是。盲目的，完全盲目的……

有十二個地方，被標示是濕婆的廟，那是她的妻子的某一個肢體掉落的地方。

當她的頭掉下來後，他才恢復理智：「現在夠了。即使你找到了醫生，只剩下頭，而且那不算是頭——只是個頭骨。認不出來這是誰。該回家了。」花了他十二年。

基督教是死的。所有的宗教都是死的。但我們的執著是如此古老，我們攜帶著它。我們快被它們的重量壓死了。

為了拯救你自己，讓這些死掉的思想體系待在墳墓中。你無法和肩上的死屍跳舞，那看起來不太適合——每個人都用肩膀扛著屍體跳舞，那是很奇怪恐怖的畫面。

讓死去的一切消失，清除過去的一切——那就是我說的讓死掉的一切消失。精力充沛的處於當下，慶祝會自你身上發生，就如同新的葉子在春天長出來。

第三十九章
不要說再見，說早安

奧修，待在你身旁使我感覺像一個從瀑布底部剛冒出來的快樂的泡泡，朝著海洋一邊笑著一邊跳著舞前進。如果我得在這一生抵達海洋，那是否表示你我必須道別？我發覺自己現在充滿感激的愛著你。似乎不再有任何問題，只有一個深深的需要——來自我對你的感激，鍾愛的奧修，為了你為我做的一切，為了一切你所是的。這個世界沒留下任何重要的，除了你之外。我想要待在你身旁，直到我離開這個身體，即使那表示這個小泡泡得有點保留自己。當一個人抵達了喜樂的海洋後，道別是否是必須的？

當妳見到了海洋，妳就見到了我。

不會有說再見的問題；妳得說早安！

妳不用擔心是否能在這一世達成。一旦妳開始流動，就已經達成了。每條河都不斷朝著海洋移動。問題在於那些變成池塘的、封閉的、不願敞開去流動的，忘了這不是他們的命運，而是死亡。變成池塘就是自殺，因為就不再有任何成長，沒有任何新的空間、新的經驗和新的天空——只有老舊的池塘，發臭的，變得越來越渾濁。成為求道者的意思是拋棄這個停滯的狀態，變成不斷改變的、移動的、流動的河流。

妳是否抵達海洋並不重要。

開始就是結束。

整個美麗的地方就在於起點，因為一旦妳開始移動，終點，進入海洋，就已經完全確定了。只有起點是妳可以控制的；那是妳的自由，所以起點是美麗的。

進入海洋是非常狂喜的，但那不是妳能控制的。起點是妳能控制的，妳會鼓起勇氣；跳出停滯的、無生命的狀態，進入一個有生命的存在…活生生的、唱著歌的、跳著舞的。

誰在乎何時會抵達海洋？

有開始就夠了，非常足夠了——因為進入海洋是一定會發生的。

妳已經開始流動了。在裡面慶祝。不要考慮未來。今天對它自己而言就夠了，今天對它自己而言就已經是一個祝福、一個至喜。

妳就是海洋——所以當妳進入海洋還能得到什麼？只需要了解到，水無論是露珠或最大的海洋，它的特質都一樣；每滴露珠都包含了海洋，而每個海洋都只會是由露珠構成的。

所以真正的求道者不會在乎目的地。

真正的求道者會在乎正確的開始，而妳是被祝福的，正確的開始已經發生了。

奧修，你反對嚴肅。你把每件事拿來開玩笑，包括神、神人和經典。那你怎麼會認為人們應該嚴肅看待你和你的教導？

誰說我想要人們嚴肅看待我和我的教導？我想被喜悅的了解，不是嚴肅的。

我想被抱著玩樂心的看待，不是嚴肅的——不是英國人憂鬱的臉，而是美麗的歡笑。

你們的歡笑和玩樂心表示你們了解我。你們的嚴肅表示你們誤解了我，錯過了——因為嚴肅只是一種病。那是悲傷的另一個名字；它是死亡的影子。

而我是支持生命的。如果對你的歡笑和舞動是必要的，即使得拒絕我，那就拒絕我——但不要拒絕舞動、歌唱和生命，因為那是我的教導。

你為什麼要嚴肅的看待我？

那就是為什麼我不會嚴肅的看待任何人。你仍不了解：我不嚴肅的看待任何人，你也不該嚴肅的看待我。開我的玩笑、享受我、用我慶祝——但看在老天的份上。不要嚴肅！

嚴肅殺死了人性。它是靈魂之癌。

我對人類進化的唯一貢獻就是幽默感。沒有任何宗教或哲學會認為幽默感是種宗教性；對他們而言，這似乎是褻瀆的。

對我而言，幽默感是生命中最神聖的經驗。

那是可以證明的：除了人，存在中沒有任何動物有幽默感。你能想像水牛在笑嗎？你能想像幽默的驢子嗎？當你們的聖人變成嚴肅的，他們就掉到水牛和驢子的層級：不再是人，因為這是人類的意識才有的特質。那表示只有到達進化的某個層次才會有幽默感的顯現。

而且當你的層次越高，你對生命和它的問題的態度會是更玩樂心的。不再是重擔，解決它們會是個喜悅。生命不會是個罪——是這些嚴肅的人使生命是個罪——生命會是個獎勵、禮物。

那些在嚴肅中浪費生命的人是不感激存在的。

學著和花朵、星辰一起歡笑，你會感到一種奇特的輕盈感進入你的存在⋯彷彿你長了翅膀，可以飛翔。

奧修，我看到一本談論葛吉夫的書，它談到兩個以很親密的方式跟他在一起很久的弟子——例如彈奏音樂的德哈特曼——突然離開了他。你是否可以解釋在師徒關係中，為什麼這樣的情況會一再發生？

這個問題是非常重要的，而且有很深的暗示。

這是事情的本質，這類事情一再的發生，未來也會持續的發生；它是無法被阻止的。

德哈特曼和葛吉夫在一起很久，也許是他的弟子中最久的，也許有四十年。就音樂而言，他是個偉大的天才，為葛吉夫設計的靜心彈奏音樂。音樂是葛吉夫設計的；德哈特曼則把它彈奏出來。

葛吉夫是個奇怪的師父，任何和他有關的事都有一種奇怪的特質。他不是音樂家，但他知道什麼樣的震動會在人的內在中創造什麼樣的狀態。他的了解是關於人的，人們的靜心、頭腦、接受某種震動及被其影響的可能性。

他對德哈特曼解釋了他的整個設計，德哈特曼是非常優秀的專家，他實現了它。但德哈特曼不是個弟子——那就是發生問題的地方。他來找葛吉夫的時候是個弟子，但他在音樂上的天才使他走了不同的路：不是成為弟子，反而變成了伙伴。他開始為葛吉夫設計的舞蹈所需要的音樂而工作，完全忘掉自己為什麼而來。

葛吉夫提醒他很多次：「德哈特曼，就音樂而言，你是個完美的大師，但你不是為了彈奏音樂才來這兒。現在你的自我感到如此滿足和滿意以致於你不想和弟子們坐在一起。你已經忘掉你在這兒的動機並不是為了彈奏音樂。」

這個分離總有一天會發生，因為葛吉夫最後變得很嚴厲。他對德哈特曼說：「你得完全停止和音樂有關的一切，因為音樂已經變成了阻礙。你的音樂對別人有很大的幫助，但對你卻變成了阻礙。你得完全停止它！把所有的樂器燒掉。」這對德哈特曼而言太過分了。他不是一般的音樂家。

他離開了葛吉夫，而不是離開音樂。

因為他和葛吉夫在一起四十年，處於很親密的關係中…但不是以一個弟子的狀態，記住——那是被遺忘的；所以才會發生問題。那個親密是因為音樂；葛吉夫需要一個音樂家。他帶著弟子走遍世界，讓人們看到震動所能產生的莫大影響。

在紐約，其中一場表演中，弟子們跳舞著…他們必須強烈的、全然的跳舞；他們必須忘掉全世界。但如果音樂停了，那他們就得停止，無論那時候是什麼姿勢——如果手是舉起來的，就得保持舉起來；如果眼睛是張開的，就得保持是張開的，他們不會眨眼——一個完全的靜止。如果有一隻腳是抬起來的，就得維持這個姿勢。

當整個舞蹈來到了最高潮時，他會給德哈特曼一個停止的指示。當音樂停止，每個人都得停止——就像雕像，彷彿他們突然變成大理石，不能有任何移動。

這是非常棒的經驗，在這個間隔中，所有的動作都停止了，你只是感受到自己的存在，你的在。

但當他要德哈特曼停止時…以某種圓的形狀移動的舞者們非常接近舞台，在這個突然的停止下，有一個舞者跌到台下。因為沒辦法，你不能做任何事——無論發生任何事，都得發生，你必須是靜止的。另一個舞者跟著跌到他的身上。一整排的舞者都跌到舞台下，他們彷彿是死屍一樣。

觀眾不敢相信…那些弟子的寧靜，他們是處於中心的，創造了一個新的震動。甚至對靜心一無所知的觀眾也感到一陣新鮮的微風，一股圍繞著他們的寧靜和安定。

數年來，紐約的知識份子都在談論這個舞蹈。他們不敢相信發生的一切；那是個魔法。但沒任何事發生在德哈特曼身上。他只是個技師：彈奏音樂——他是個專家——當他收到指示，就會停止彈奏。

但他仍在葛吉夫身旁待了四十年，人們自然會以為他是個弟子，一個很親近的弟子。當他離開葛吉夫後，他維持那個幻象——也許他活在那個幻象中——他是個弟子，他學到葛吉夫知道的一切：四十年已經夠了。那就是為什麼他到美國創立自己的學校。

一個想要變成師父的慾望只是自我的單純算術。

他說了一句話，他對人們說：「對我而言，你們比葛吉夫還重要。」這是可恥的——但他是猶大那一類的人。

每個師父的生命中一定會有些猶大的存在。這似乎是自然的法則，來跟隨師父的人的動機並非都是相同的。有些是為了尋找真理，有些是來學習如何成為師父。

日本其中一個最偉大的神秘家，芭蕉，在他的生平中有一個美麗的事件。

他和弟子們正在靜坐，有個人來到，他說：「我也想加入你們。」

芭蕉說：「這兒沒有任何限制；門是開的，你可以加入。但我要先告訴你：成為一個弟子是艱辛的。你準備好了嗎？或者你只是好奇？如果只是好奇，那不要浪費你的時間，因為你很快就會離開。如果是真的想要尋找真理，那你得冒著失去一切的風險——包括生命——

只有那時，你才會是個弟子。」

那個人說：「我還沒準備好。我沒想過成為一個弟子的代價這麼大。」

於是他說：「那師父呢？——我可以成為師父。如果那是比較容易的，我可以放棄成為一個弟子的想法；我可以成為一個師父。」

芭蕉說：「我們不會阻止你成為一個師父，但除非經過成為一個弟子所需的艱辛歷程，否則無法成為一個師父——雖然那很容易。如果有任何後門，我會讓你進入。但並沒有任何後門；關於成為一個弟子，你得透過正確的管道。」

那人說：「那得考慮一下，我會再來，」但他沒再出現。

有些人來找師父只是因為他們發現這可以滿足他們某個面向的自我和野心。對他們而言，這是相同的：得到權力、聲望、尊敬、財富，或者成為擁有無數個弟子的偉大師父。他們沒有想知道真理的慾望，不想知道自己。對他們而言，成為師父就像俗世中的野心的投射——成為富人、政客、總理或省長。但你也不能阻止他們，因為有時候他們來到這兒會試著了解，然後改變了。他們了解到自己當初來這兒的動機是錯誤的，但現在那個動機已經被拋棄了。所以無法從一開始就阻止他們⋯而且無法知道他們何時會改變，那可能要好幾年。

師父必須是有耐心的。但這些人是急急忙忙的，因為生命正從他們的手中溜走。

猶大背叛耶穌不是因為其它原因，不是因為三十枚硬幣；而是因為他是唯一有教養的人。他比耶穌更有教養、受過更好的教育。和耶穌在一起，看到他的教導，他很容易就把自己當成偉大的師父，比耶穌還偉大：「因為這個人只是一個木匠的兒子，知道得不多；但他仍在國內造成很大的騷動。」

那只是很簡單的數學：猶大發覺如果這個人被除掉，他就能證明自己是個偉大的師父；但如果這個人還活著，他會一直是個弟子。第一個方式就是反叛他，創造一個完全不同的信念，那是更費力的……如果可以用某些方式除掉耶穌會是更適合的。猶大將會成為領袖，帶領現有的跟隨者。

就像一間擁有數百年信譽的商店——與其設立一間新的商店……你也許可以提供更好的商品給人們，但既有的商店已經有了信譽，已經奠定的聲望。和它競爭將會很辛苦和困難。最好的方式就是得到既有商店的聲望——只是舊瓶裝新酒。沒人會在意酒，每個人都看著瓶子——但瓶子必須是既有的。既有的瓶子證明了酒也是既有的。邏輯很簡單……

而且要除掉耶穌並不難，因為猶太人在搜尋他，可以利用這點，沒人會知道是猶大做的。但他忘記了一件事：沒人知道是猶大做的，但他自己怎會忘掉？只是他後來才了解。當耶穌被釘上十字架後，他意識到了，他就在群眾中。他無法相信自己做了這件事——只是為了變成一個師父，他背叛了一個朋友，一個愛他的師父，信任他的師父。現在他忘掉所有和自我有關的。一件他從未想過的事發生了，因此有了很大的懊悔和罪惡感……不到二十四小時，他上吊了。

德哈特曼完全不是一個弟子，但他懂得某些葛吉夫用來對弟子下工夫的技巧，他變成了一個技師。因為他必須為每個技巧作樂，他對那些技巧很清楚——但他從未練習過那些技巧；他的工作是提供音樂。

這就是頭腦如何欺騙你的。你的頭腦會使你迷失。

德哈特曼無法證明自己是個師父——沒有葛吉夫，那些音樂無法達到預期的效果。他知道技巧和音樂，但他不知道那些技巧和音樂之所以有了生命是因為活著的師父的存在。他只是個技師。

這就是技師和師父的不同。

如果電力系統出了問題，技師可以修好它，但那不表示他是發現電的愛迪生。雖然他懂得一切，但他不是愛迪生。少了師父的碰觸。

愛迪生花了三年的時間才發現電。他和很多同事和學生一起研究——他是個教授。因為每個實驗陸續失敗，漸漸的，人們開始離棄他：「他似乎瘋了，試著做某件不可能的事。無數的實驗都失敗了，但那個人很奇怪⋯每天一大早都會帶著某種熱忱和熱情回到實驗室。」他所有的同事都覺得做其它研究會比較適合——「我們在浪費時間。」他們都感到失望。除了愛迪生，沒人還有任何熱忱，三年內，所有的同事和學生都離開了。

但愛迪生繼續堅持，在某一夜的三點⋯他工作了整晚，因為他快成功了。他的邏輯是——他對同事說：「不要離棄我；你們離棄的時間點是不對的。我們已經試了數百個實驗，它們都失敗了。那表示已經更接近那個將會成功的實驗。我們終究會找到它的。我們已經拋棄那些將會失敗的，它們不會再出現在清單中。那個清單已經越來越短——我們很快就能找到正確的方法。」

他們說：「已經浪費三年了，我們無法想像「很快」還要多久。」

那晚，他從傍晚開始就覺得快找到了：「一切都很順利；謎語將會在今晚揭曉。」他持續下去，到了三點，他看到了第一個電燈泡，多麼明亮！以前沒有任何人看過；人們只見過蠟燭。

他的妻子睡在另一個房間。一直叫他——「該睡覺了。」

他說：「今晚不行；妳去睡，不要打擾我。我快成功了，我不想錯過。明天事情就會不一樣了，我可能會忘掉某件事，所以今天不能放下它。」

到了三點，突然有了光⋯幾乎像是房子裡面的閃電。

妻子說：「你這笨蛋，把燈熄掉！你自己不睡，也不讓我睡。你怎麼創造這些光的？」

他坐在那兒，目不轉睛的，處於驚訝的狀態⋯不敢相信！它發生了！

但那個可憐的女人說：「把燈熄掉。」

他說：「這個光將永遠不會熄掉，它將會持續到永遠。」

現在每個電工都知道——但他只是個技師，不是愛迪生。他會幻想自己跟愛迪生一樣博學，但不會有愛迪生的魅力和天才，他沒有創造奇蹟的那雙手。

德哈特曼在美國努力試過，因為在美國，葛吉夫獲得了很大的成功。他到同樣的城市去做同樣的表演，但一切都失敗了。他不知道哪裡錯了──因為音樂是一樣的，舞蹈是一樣的，歌聲是一樣的，音樂家是一樣的：「而葛吉夫什麼都沒做，只是站在那兒。他只是對我說：「停！」就這樣，任何人都能做到。而我知道他會在什麼時候喊停，所以我讓自己在那個時候停止，完全一樣的時間點──但那個魅力不在那兒。」

他忘記自己從未是一個弟子──然後就成了一個師父！他忘記自己只是個音樂家。如果他記得自己只是個音樂家──甚至那部分也是被葛吉夫精鍊過，不是他自己──事情本來可以是完全不同的。

同樣的情況也發生在鄔斯賓斯基，他是個弟子。

德哈特曼可以被忽略；他本來就不是一個弟子。

但鄔斯賓斯基是個弟子，其中一個最早的弟子。但再次的，某件事使他離開，如同德哈特曼的音樂──是鄔斯賓斯基的智力使他離開。他是聞名世界的數學家，一個偉大的作家。甚至在遇見葛吉夫之前就已經聞名世界了。那時沒人聽過葛吉夫。

事實上，是鄔斯賓斯基使葛吉夫聞名世界；一切要歸功他。在本世紀中，沒有任何作家的水準可以比得上他。他的寫作是如此權威和美麗──那變成他離開的原因。因為葛吉夫是透過他的書才變得有名。

葛吉夫不是作家；他沒有任何可以讓世界認可的天賦。他只是一個師父。他可以轉變人類和他們的意識，但那不是世界認可的技藝。

當鄔斯賓斯基發現是他使葛吉夫聞名世界，何必再努力？他知道葛吉夫教的一切，他寫了一切；因為他使全世界知道葛吉夫的教導：「我自己就可以教導。」他在倫敦設立了一間學校。如此的忘恩負義：他沒使用葛吉夫的全名；他只是用「G」稱呼他。只是為了避免用他的全名，葛吉夫，他只使用第一個字母，G。

而且他讓學生知道「我和葛吉夫在一起的時候，他是對的。我離開他是因為他開始出錯了。他的教導只有在我離開他之前是有用的——在那之後，已經沒有任何重要性。」

但他只是個學校的老師，一個教授，沒有師父的氛圍。看著他假裝是一個師父真的是非常滑稽，因為他使用黑板來教導更高層次的意識的法則。只是因為數學家的習慣：所以他寫在黑板上，彷彿來這兒的人都是學生。他不會看任何人的眼睛。他沒有令人印象深刻的人格。就學校的教授而言，他是非常適合的，但要當一個師父，要和佛陀、葛吉夫或克理須納穆提屬於同一類的人，則是完全不同的事。他努力試過，但他完全做不到；沒有任何事發生。

你會驚訝的知道全世界都在譴責葛吉夫，沒人譴責鄔斯賓斯基和德哈特曼。事實上，他們也沒什麼值得譴責的。而葛吉夫有他的教導，轉變人類的方法。

但這兩個人都想當師父。看到葛吉夫擁有的權力，他們也渴望權力。看到他的影響力，他們開始感到自卑；他們想要離開，創造自己的影響區。但都失敗了。

所以這似乎是事物的本質，這類事情會持續發生。每當有師父的存在，就會有猶大、鄔斯賓斯基和德哈特曼的存在。

有馬哈維亞就會有戈夏拉克。和每個偉大的師父在一起，這些人像影子一樣的跟著——因為對權力的渴望。但成為一個師父並不是一個自我的遊戲。師父的力量不是來自自我；而是因為他的謙遜、他的無物。所以這些人會持續出現，但他們不會對人類的進化有任何幫助。他們只是糟蹋了自己的生命和給予他們的大好機會。

奧修，和你走在這條路上，充滿了你的芬芳的甜蜜，我感覺信任和等待是我需要的。但我對關於神秘事物的知識感到困惑——例如，脈輪、集體無意識或能量場——是否對這條路有幫助。這類知識是否會有幫助？或者我需要的一切會自行透過經驗發生？

需要的一切會在正確的時間自行來到。這些關於脈輪、能量場、亢達里尼和星光體的所謂的神祕知識，就知識而言是危險的。如果是經驗，那則是完全不同的事。不要把它當成知識來學習。如果它對你的心靈成長是需要的，它會在正確的時間來到，那時它會是個經驗。

如果你擁有借來的知識、學到的知識，那將會是個阻礙。

例如，印度教的瑜珈認為有七個脈輪，耆那教的經典則提到九個脈輪。而佛教的經典說有十二個脈輪，這些只是不同的學校挑選的重要脈輪。他們沒有給你一個確定的數字。學到的知識會令你困惑：有多少脈輪？而且無論是七個、九個或十二個，你要用這些知識做什麼？你的知識不會有幫助；只會造成阻礙。

我的經驗是，也許佛陀的經驗是對的——但那不表示印度教的瑜珈或耆那教的瑜珈是錯誤的。佛陀是說從你的脊椎的最底部到頭部的頂端，存在著能量場，旋轉的能量場。有很多能量場；問題是對於特定的教導而言，哪些是重要的。那些特定的教導會選擇⋯印度教選擇了七個，耆那教選擇了九個。它們不會彼此矛盾，問題只在於它們的教導想要強調的脈輪。

對我而言，你只會遇到四個最重要的脈輪。

第一個就是你的性中心。

第二個就在它的上方，還沒被任何印度的學校承認，只有日本的學校承認了它，那稱為丹田。就在你的肚臍和性中心之間。丹田是死之脈輪。

我的經驗是，生命——就是性中心，而死亡——就是丹田，兩者應該是非常接近的，而它們也確實是很接近的。

在日本，當某人自殺，那稱為切腹。世界上沒人這樣做過，除了日本人。到處都有自殺，但用刀子⋯就在肚臍下方兩吋，日本人強迫用刀子推入——這是最奇特的死亡；不會有任何血液和痛苦——而且死亡是立即發生的。

所以第一個脈輪是生之脈輪；那是旋轉的能量。脈輪的意思是輪子，移動的。死之脈輪就在生之脈輪的上方。

第三個重要的脈輪是心輪。你可以把它稱為愛之脈輪，因為在生命和死亡之間，可以發生在男人或女人身上的最重要的事就是愛。而愛有很多表現的方式：靜心是愛的其中一個表現的方式；祈禱是愛的其中一個表現的方式。這是第三個重要的脈輪。

第四個重要的脈輪被印度教的瑜珈稱為眉心輪，就在你的前額，兩眼之間。

這四個脈輪是最重要的。

第四個脈輪是你的能量超越人性而進入神性的地方。你的頭頂還有一個脈輪，但你不會在生命的旅程中遇到它。所以我沒把它算進來。

在第四個脈輪後，你就超越了身體、頭腦和心，所有不是你的——只有你的存在還在。

當死亡發生在這個人身上⋯

那就是為什麼丹田在印度不會被注意；因為在印度教、耆那教或佛教的瑜珈中，他們都沒考慮自殺的人。他們考慮的是將能量從有形轉變到無形的人。

所以第五個脈輪是頂輪。耆那教和印度教都有考慮到它——因為當你超越了第四個脈輪，有時候你會死掉。而一個超越了第四個脈輪後死掉的人⋯他的能量，他的存在離開了身體，將頭骨打破成兩半；那就是頂輪。

因為那不是你的生命經驗的一部分，所以我不考慮它。其他四個會是你的生命經驗。這是成道者的死亡。他不是透過丹田而死。

所以印度的學校沒去注意丹田脈輪。但在日本，他們必須關注它，因為在日本，自殺是一種禮儀。

你會驚訝：日本人擁有和全世界完全不同的文化；從小事到大事，他們都有自己的方法。

我想到一個事件：

日本人可以為了小事自殺，因為他無法過著羞恥的生活。如果他感覺羞恥，那就足以結束生命了——你會無法想像什麼小事是如此重要以致於可以放棄生命。

有一個大師，是日本最偉大的射手，被稱為帝王。他想要兒子變成跟他一樣偉大的射手。日本的禮儀是，當兩個人要爭鬥前會先向對方合十鞠躬。即使他們將會殺掉彼此……但在這之前，他們會向對方致敬。在日常生活中，你在日本各地會看到人們相互鞠躬——路上或餐廳。但隨著現代的西方對全世界的影響，這個現象正逐漸消失。

但這個大師級的射手是如此自負，在天皇面前，他等著：天皇應該先向他合十，然後……天皇的臣子譴責他：「你做了這麼令人羞恥的事。回去切腹。」那不是件大事，但當所有的大臣都這麼說，全國的人民將會知道。於是他直接回家切腹。

他有三百個學生。當他們聽到師父做了這麼令人羞恥的事，三百個學生都切腹了，因為那是如此羞恥以致於他們的師父才會切腹。

現在這不會發生在世界上的其它地方。如果師父做了某件羞恥的事——雖然那不算是令人羞恥的事，即使是——學生是完全無辜的。但因為他們是那個大師的學生，那就足以讓他們感到羞恥——你跟隨了這樣的人。

切腹在日本已經持續了好幾百年。

所以當佛教首次來到，大約是一千四百年前，他們開始靜心，他們是第一個發現丹田的人——因為好幾百年來，他們一直在使用那兒，所以那個中心是非常震動的、活躍的。

一切都視情況而定。在不同的文化中，中心點在哪兒會有些不同。

例如，當日本人來找我點化，我有點困惑——因為在世界各地，當你想說是，你的頭會由上往下移動。但日本人，當他們想說是，則是從某一邊移到另一邊——意思應該是「不」。在全世界，這個行為表示不——但那是他們表示是的意思，而頭部由上往下移動則是他們表示不的意思。

當我問他們某件事，我會很困惑；無法相信…他們是來接受點化的。坐在我面前，我問：「你準備要被點化嗎？」他們會搖頭…「那你為什麼要來？你從日本不必要的跑來這兒，為了那個目的坐在我面前，但卻說不？」

然後我的翻譯說：「你不了解；那個人的意思是要被點化。在日本，頭部從某一邊移動到另一邊表示是；頭部由上往下移動表示不。」所以當你和日本人交談時，你得記得這點。

否則會有很大的困惑——你說了某件事，他們理解成不同的事。他們無法說出來，但他們可以了解。

在高加索山，葛吉夫出生的地方，他們有一個稍微不同的脈輪系統。那似乎是生活在高加索山的人們和別人不同的地方。

在印度的三個宗教，印度教、耆那教和佛教的脈輪都在同樣的位置。他們也許有五個、七個或九個脈輪，但位置是相同的。好幾世紀來，一直以不同的方式影響著他們的身體。

在高加索山，有數千人的年齡超過一百五十歲。高加索山的人們是全世界最高齡的——而他們並不老；一百八十歲的人還是年輕的。他就跟年輕人一樣，還在田裡工作。

在高加索山，人們死時是年輕的；他們不會變老。所以他們的身體自然會以不同的方式成長。這和他們的食物、天氣、地形、土壤有關。那創造了一種不同的心理特質。

全世界都認為七十歲是每個人死亡的年齡——那是平均；你可能早五年死或晚五年死，但平均是七十歲。

當蕭伯納七十歲時，他在倫敦附近的小村子尋找墓地或墓碑，想看看那個村子的人活了多久。他的朋友說：「你瘋了。何必浪費時間？」

他說：「我不想在七十歲死掉。我做任何事都不會落在平均上，所以也不能在平均死亡年齡時死去。所以我要尋找一個人們不認為七十歲是平均死亡年齡的地方，因為那個地方會有它的心理特質。」

最後他找到了一個村子，他在很多墓碑上發現刻著：這個人死於一百八十歲，過早死亡。他說：「就是這個地方──活了一百八十歲的人被認為是過早死亡的可憐傢伙，被認為還不到死的年齡。」

七十歲時，他從倫敦搬走──他在倫敦住了七十年──在檢查了墓地後，他搬到一個村子。活到一百歲。他證明了──那個村子有它的心理特質和震動，那兒的人認為活到一百歲並不算什麼。

他問那兒的人關於他是否能活到一百歲，他們說：「一百歲不算什麼；每個人都活到一百歲。你可以去墓地看看──一百四十歲、一百三十歲；活到那個年齡是很容易的。一百歲？──那太短了。」

他活到了一百歲。

他確實證明了一件事：你的心理學、頭腦和身體會被你住的地方的震動所影響。所以你會經驗到脈輪，你會經驗到能量場，但最好不是學習到，因為那是不同的問題。你可能看過一本書提到五千年前的某一種類的人的狀況，但你可能不是那一類的人。你可能不會在同樣的地方發現脈輪，你會不必要的感到失望。你會在書上沒提到的地方發現脈輪；然後你會覺得自己是不正常的，你有某個地方出錯了。但你沒任何地方出錯。

能量場、脈輪和所有神秘的事物都應該被經驗。使你的頭腦保持沒有任何知識。這樣你就不會有任何期待；無論發生了什麼經驗，你都準備要接受它。

而且每個人是不同的，那些不同會出現在你無法想像的小事上。

例如在東方，人們會坐在地上。在寒冷的國家，人無法坐在地上；椅子是絕對需要的。他們的脊椎和脊柱的形狀將會不同於那些坐在地上的人，所以他們的亢達里尼的經驗也會不同。

有的人一天只吃一次。數千年來，他們從未超過那個次數。在南非，有些部落在二十四小時內只會吃一次。當他們遇到美國的傳教士，感到非常好笑：「這些笨蛋吃五次！早餐——完全和禁食 (fast) 無關，但他們稱為 break-fast。一整天下來，還有別的，有時喝咖啡，有時喝茶，他們持續⋯在這之間還會嚼口香糖。這些瘋子還來對我們教導宗教，他們瘋了！」就某方面來看，他們是對的，因為他們擁有美麗的身體，活得比較久，他們的身體並不胖，就像鹿的身體；他們可以像鹿一樣的奔跑——他們必須，因為他們是獵人。他們的雙眼是非常明亮敏銳的；他們的身體是非常勻稱的。

我想到⋯

有一個非洲的小部落，到現在仍是食人族。在本世紀初，他們有三千人；現在只剩下三百人，因為當他們找不到人，就只能吃自己人。所以那是唯一人口持續減少的地方：五十年內，從三千人變成三百人。在本世紀末，他們會消失，不是因為戰爭或其它原因——他們得吃掉自己。

第一個基督教傳教士來到了，非常胖——當他們捉到他時，都很快樂的跳著舞，而基督教傳教士以為他們的快樂是因為找到一個宗教人士。他說：「我為你們帶來好消息、福音。」

他們說：「太棒了！」

他們用肩膀扛著他，傳教士很高興。他沒想到這些人會這麼歡迎他。然後他們把他放進一個大爐子。傳教士說：「你們要做什麼？」

他們說：「你等著，等下就知道。」

然後他意識到這一切；他們要煮了他！他試著說服他們：「不要這麼做，這樣不好。我是來讓你們體驗基督教的。」

他們說：「不用擔心；我們很快就會把你做成湯，那會讓我們體驗到基督教！」

現在這些人將會擁有完全不同的心理學經驗。葷食者和素食者也會找得到不同。所以最好不要記得經典上說的。那些經典是某些人、某個時代、某個環境的經驗；它們不是為了你而寫的。

適合你寫的經典只能被你和你的經驗寫出來。

第四十章
我的弟子就是我的花園

奧修，我無法表達你灑落於我的愛和慈悲。我的感激無法用任何文字或語言表達。請原諒我的缺點。也請原諒我，使你得彎下身用手捧著我的頭。我知道你的背會很痛。這讓我很難過，你得因為我而彎下身子。在我被點化的那一天，你握著我的手。我希望、祈禱和乞求所有祝福讓我是有資格得到它的。

我鍾愛的師父，請對那些剛開始旅程的人解釋，告訴他們。我還不值得得到他們的尊敬。與其尊敬我，不如把他們的祝福給我，以便有一天我才真正的有資格觸碰你的腳。我合十向你請求，告訴所有給予我尊敬的人，我還沒有得到的資格，這樣我才不會感到尷尬，

戈敏悉達多，心靈生活的法則和一般俗世中存在的法則是完全相反的。

在俗世中，無論是否有資格，人們都想被尊敬。事實上，越少人有資格，他們就越想要。在心靈的國土中，你越有資格，你就越不想要。

我很高興的知道你因為人們對你的尊敬而感到尷尬。這是真正的謙遜。你說自己沒有得到的資格，那足以表示你有得到的資格。

在俗世中，人們會宣稱自己是偉大的。當亞歷山大大帝遇到戴奧真尼斯，他介紹了自己：「我是亞歷山大大帝 (Alexander the Great)。」

戴奧真尼斯笑了：「如果你真的是偉大的，你就不會想用那個字。你應該感到羞愧。真正偉大的人不會說自己是偉大的，真正的偉大會散發著它的光芒。它不需要任何語言、表示或文字——它的存在就足夠了。」

我知道你的困難。當人們首次突然尊敬的看著你，一個謙遜的人，有資格得到的人，會感到尷尬。因為是自我才會要求尊敬，乞求聲望、權力和尊敬。真正偉大的人不會注意到它。當你尊敬這樣的人，他會感到尷尬——「你在做什麼？」——因為他不期待它，那是突如其來的。

謙遜、單純和天真不會使任何人比其它人還神聖。那會使你站在隊伍的最後，因為你是如此確定你的完整性，不需要為此大聲喧嘩，你不需要任何人的認可。你的感覺是如此絕對，即使全世界都否定它，也不會造成影響。

只有承受自卑感之苦的人才會尋求別人的認可。真正優秀的人不會意識到自己的優秀，不會有被別人認可的需要。他的優秀只是他的本性。

如果人們尊敬你，不用感到尷尬。你得學習用新的觀點來看待人們的尊敬；當人們尊敬你，他們是在尊敬你的潛力。他們是在尊敬他們其中一個已經抵達的弟兄。他們不是以原本的你來認可你；你已經變成一面鏡子，他們看到他們的可能性首次顯露了。他們感謝你是因為你使他們首次感覺到沒有比任何人差；你使他們有了人性，值得被尊敬。對於他們達成的可能性，你變成了一個論據，一個證明。

所以當他們尊敬你，請帶著愛和尊敬的接受，了解到他們在你裡面看到自己。你對他們一直有很大的幫助，因為你來自於他們，你是旅程上的夥伴。

就你而言，這是個開始，但也是結束；是死亡也是復活。一個章節結束了，另一個章節開始了。一個你過去一直在過的生命，現在只是個記憶，另一個生命開啟了它的門——你用了無數方式和無數世所夢想的，這個夢首次成真了。這是個開始。

記住；它會一直是個開始。

改變會來到，舊的章節會消失，新的門會開啟。會有一個片刻來到，你會非常敏感，你在每個片刻死去，然後又在每個片刻出生。你的過去會死去，你的未來會出生。

但就你的部分而言，感覺自己沒有得到的資格是非常美麗的。只有有資格得到的人才會有這樣的感覺。

那就是我的意思：心靈生活的法則和一般俗世的法則是完全相反的。在這兒，你得試著成為某某人物，因為你持續感到自己是默默無名的；你感到空虛、無意義、沒有身分，你向每個人乞求——「給我一個身分，一個名聲。」而人們也會給你，但那些身分只是面具，那些身分只是假的。他們使你成為偽君子。使你相信你所不是的。而你浪費這麼多世去相信你不是的、你從未是的。

在這個戈敏悉達多經歷的轉變時刻，一個人首次卸去所有的面具和舊身分，接受自己是默默無名的，接受自己是個無名小卒。這是最大的奇蹟：當你接受自己是默默無名的，你就首次變成某某人物。你首次得到你的本來面目。

如果人們看到它的發生：那對人們是好的，因為那會使他們記得。某件他們忘掉的事，你的存在使他們想起來了。你不能奪走他們感謝你的權利。那就是尊敬的意思。

尊敬這個字是美麗的。它的意思並不是榮譽；那是字典上的意思。存在中，它的意思是re-spect，再看一次的慾望。某個人看著你，想起了某件事，想要想起來更多，想要更深入看著你，想要更接近你，想要深入看著你的眼睛，想要握著你的手。那和榮譽無關，它只是個想要想起自己忘掉的寶藏的努力。

奧修，你對於戈敏悉達多的宣告的講道是如此美麗。對我而言，不可思議的是，我相信每件事，對戈敏的洞察力感到開心，感覺有一股力量推著我向內走。你的目的是什麼？

我在這兒只有一個目的：就是提醒你並不是你一直被告知的，你不是某某人物。

你會一直是痛苦的，直到你找到自己的實相。你的所有緊張、憂慮和煩惱都只是一件事組成的：你試著成為你所不是的某某人物。你的一生變得如此緊張，它會一直持續如此，直到你了解到你的人格只是一個劇本，是回家的時候了。

有時候一個震撼是需要的，一個事件，這樣你的面具就會脫落——你突然看著鏡子；那不是你的臉。有時候某個安排是需要的，這樣你就不會再抓著自己不放。

我一直很喜愛一個小事件⋯

在印度，每個村子的人在每年都會演出羅摩的戲劇。他們不是偉大的演員，但數千年來，那幾乎已經變成一個宗教的傳統。但演出常遇到很多困難。

有一場羅摩和他的敵人羅瓦那的戰爭。羅摩的弟弟，拉斯曼，被羅瓦那的箭射中而摔到地上，失去了意識。當時最偉大的醫生被找來了。他說：「可以治好他，但很難做到：需要某種植物來製藥，那個植物只有遙遠的山上才有。」

哈奴曼，羅摩的奉獻者，祂說：「我去把它帶回來。只要把它的外觀告訴我，因為山上會有很多植物。」

醫生說：「不會很難找到，因為那個植物在晚上會發光，就像蠟燭一樣。所以你可以輕易的認出它。」

哈努曼飛到了那座山上，等到夜晚⋯但祂很困惑，因為有很多不同的植物都在發光。祂忘記問：「它是唯一會發光的植物嗎？或者還有其它會發光的植物？」現在太遲了；無法再回去問。但祂是猴神⋯

唯一的方式就是把整座山帶走，於是祂搬了整座山，這樣醫生就能選出正確的植物來製藥。

現在，要演出來是很困難的：把各種奇蹟和虛構的事寫成故事是一回事，但要演出來是很困難的。第一個困難就是讓觀眾看到哈奴曼在飛——並沒有真的讓演員飛；只是用繩子吊著他，那根繩子在舞台的另一邊被拉著，演員會依靠繩子快速的跑著。當他帶著山回來——那只是塑膠山，上面有美麗的小植物；每個植物裡面都藏著蠟燭。他一隻手拿著山，另一隻手抓著繩子。

但某個地方開始出錯——用來拉動繩子的輪子卡住了。在印度的村子中，這是可以預期的。但哈奴曼被吊在舞台中間，顯得很尷尬，觀眾開始吶喊和拍手，彷彿之前從未這麼開心過——一隻手拿著山，另一隻手抓著繩子，可憐的傢伙無法下來。

劇場經理跑到後台，努力嘗試，但那是木匠的問題，是他負責製作讓繩子移動的輪子。情況變得越來越可笑，出於緊張，他切斷了繩子——必須採取些行動。

拉斯曼躺在平台上，死掉的。羅摩站在那兒。雖然他可以看到哈奴曼就在他頭上，但他仍說：「哈奴曼，已經很晚了。快回來！祢去哪兒了？」觀眾在大笑，因為整個看起來很愚蠢。

甚至連拉斯曼，原本應該失去了意識，聽到這麼多的笑聲，也睜開眼睛，當他看到哈奴曼，也開始大笑。羅摩說：「閉嘴！你不應該笑的，你是神智不清的。」可憐的傢伙繼續保持無意識。

等到繩子被切斷，哈奴曼掉到了舞台上。整座山在舞台上摔成碎片。他有隻腳骨折了——他是村子裡的摔角手——完全忘記自己是哈奴曼。

羅摩繼續念台詞：「哈奴曼，祢做得很好。」

他說：「閉嘴！先告訴我是誰切斷了繩子！」

羅摩說：「但我的弟弟快死了。」

他說：「讓他死！我的腳骨折了。那個醫生在哪兒？」

經理看到事情變得越來越糟。人們雀躍不已，可憐的羅摩仍試著維持現況，但哈奴曼真的很生氣；他完全忘記了。簾幕被放下來了；經理沒辦法了。哈奴曼被抬到後台：「不要弄成這樣。你忘記你是哈奴曼了嗎？」

他說：「誰說我是哈奴曼？我的腳骨折了！我不在乎拉斯曼是否死了；讓每個人都死掉。必須先照料我的腳。」

但他們說：「你完全忘記你是哈奴曼了嗎？」

他說：「胡說，我從來就不是哈奴曼，那只是一齣戲。我是我自己：我的名字是拉基斯休旁德。「哈奴曼⋯」因為演這個角色才發生了這個意外！明年看誰要來演哈奴曼。我不會演了，我也不會讓任何人扮演祂。這個村子不能有人扮演哈奴曼。如果你無法正確的處理事情，你就不該強迫我們這些可憐的人做這件事。現在我的一生將會是個跛子。我的腳⋯無論是哈奴曼、拉斯曼或羅摩都將不會有幫助。那個醫生在哪兒？」

醫生逃走了，因為他很害怕——那個流氓很危險，可能會打他或做出任何事：「你既然可以試著要救活死人。那至少可以讓我的腳恢復正常。」

你得到的身分只是一齣戲。那不是你的實相。

這就是我們的目的——數百萬年來都是這個目的，至少在本世紀，對那些有智慧的人而言——發現本來的面目，找出你是誰。

這是令人驚訝的，除了在這個國家，世界上沒有任何地方有人試著要找出：「我是誰？」好幾世紀來，這是唯一一個有人們試著要找出他們是誰的國家。他們沒有問你也沒有問任何人。他們試著深入挖掘自己，去找到自己的生命和存在的源頭。

是的，這就是我的目的。這也應該是你們的目的。我們的會合只是因為這個目的。在我和你之間沒有其它會合的原因。

奧修，一個真實的人的意義是什麼？他的本性是什麼？他的生活方式會是什麼？

真正的人的意思是一個離開他的人格的人。

有兩個詞要了解：人格和個體性。

人格是社會給予你的虛假身分。個體性是自然給予你的一切。

個體性是存在性的。人格是社會性的。

通常每個人以人格來生活；因此他的生命不會是真實的。它是虛假的、欺騙的、虛偽的。他不只欺騙了別人，也欺騙了自己。

「人格」這個字來自於希臘的戲劇。在古希臘的戲劇中，所有的演員都戴著面具。你不會知道演員是誰，只看得到面具，但聲音屬於面具後的演員。

那在希臘被稱為 persona ： sona 的意思是聲音，穿過面具的聲音。你不知道對方真正的面貌。

漸漸的，我們都忘掉「人格」這個詞原本的意義。

但觀察你自己，你會驚訝：你擁有的一切都是借來的。你所有的思想都是借來的。甚至無法確定你的感覺是你自己的。

人們寫信給我：「我想我戀愛了。」太棒了…他們無法信任自己的感受，他們想…

人格從每個地方包圍著你，你的個體性幾乎變成一個隱藏的東西。你從未活出它——因為社會不想要你依據自己的本性自由的活著；社會要你用它認為有用的方式來生活。

人格是非常有用的：它從來就不是叛逆的，它一直是個奴隸。它沒有說不的勇氣。它只知道說：「好的，先生。」即使當你內在的存在說不的時候，你的人格持續說：「好的，先生。」你過著分裂的生活。

社會支持你的人格；因此，人格變得非常強大。

沒人支持你的個體性；因此個體性——你的本性，你真正的力量，你真正的存在——仍待在黑暗中，被壓抑了。

你問我：什麼是真實的人？

真實的人是一個有著叛逆的靈魂的人。他會反叛自己的人格，無論代價有多大。就自由而言，他不準備妥協；他寧願死也不願被奴役。

我所有的教導就是讓真實的存在浮現，從一直被你推入黑暗中的隱密角落浮現。你是你自己的敵人；你弄跛了自己的存在。然後你持續抱怨生命是痛苦的——是你造成的！你為了社會提供的小小舒適妥協了。你為了那些社會提供的不重要的舒適賣掉了靈魂。現在你有了舒適，但沒了靈魂——好的家具、房子、薪水…但誰來用？你是不存在的。這就是痛苦，這就是每個人在經歷的地獄。

然後有些人會趁此剝削。政客變成你的領袖，因為他們說他們會為世界帶來烏托邦——很快就不會有貧窮、痛苦、剝削和不平等。他們所有的口號帶給你安慰，感覺到：「跟隨這個人。」雖然數千年來，同樣是這些人一直在給你烏托邦的概念，但那從未發生。

也許你不曉得烏托邦這個詞，它的根本意思是那個永遠不會來到的。

政客帶給你烏托邦的美麗概念；宗教帶給你天堂、莫克夏、樂園的美好概念。但如果你過著一個真實的生活，你就不需要教士。你是如此滿足和喜樂以致於不需要任何把現況改變成天堂的概念。你正過著最美麗的生活…充滿愛的、友善的。不會還有任何烏托邦可以使你的生活更豐富。

你必須了解其中的陰謀：使人們變成虛假的，這樣他們就會維持痛苦的生活。痛苦的人需要教士、政客、心理醫師和各種騙子，因為他們是如此痛苦以致於隨時準備要落入任何人的陷阱——任何給他們希望的人。

希望就像鴉片：你會忘記自己的痛苦，開始作美麗的夢。

我不知道現在的狀況，但我童年時，我看過人們在農田或馬路上工作，他們是如此貧窮以致於女人也得工作：帶著年幼的小孩，六個月大的小孩，同時工作著。女人能拿小孩怎麼辦？她要如何同時帶小孩和工作？我很驚訝，每當有馬路在修繕，路邊的草地一定會躺著小孩——快樂的玩耍著。

我問：「怎麼回事？」——因為這些小孩是如此難以應付。白天一直在睡覺，到了晚上則會嚎啕大哭；他們才有的奇怪想法。但父母在馬路上工作，所以他們會待在路邊或樹蔭下：如此喜樂。我問了人們才知道他們做了什麼：給小孩一點鴉片，這樣白天——無論是餓了或待在烈日下都無所謂——鴉片會使他們無法意識到當下的情況。

希望是人的鴉片。而他們持續給予鴉片。

希望是世界上最大的生意。數千年來，教士一直在剝削和給予希望：「來世⋯」沒人問過他們：「為什麼不是這一世？而且這一世是前世的來世。我們前世已經是痛苦的，然後一直在等待這一世。然後你再次說來世——或者等到進入天堂。」

沒有人看過天堂，沒有任何天堂存在的證據。

但痛苦的人隨時準備相信一切；那個信念必須是個慰藉。

為什麼人們和群眾會反對我？心理上的原因就是我在摧毀他們的希望——如果他們的希望被摧毀了，他們會發現事實上他們是痛苦的。我要他們了解自己是痛苦的，這樣我就能指出他們痛苦的原因。

他們之所以痛苦是因為他們不是真實的。

拋棄人格。過著自然的、強烈的生活。不要讓別人支配你；你已經讓太多人支配你了。

有一次，我正在家裡，那時有個小孩來家裡玩。我問了他幾個問題，後來就成了朋友。我問他：「你認為未來你會成為什麼樣的人？」

他說：「我會成為瘋子。」

我說：「你為什麼會成為瘋子？」

他說：「因為我的母親想要我成為醫生，我的父親想要我成為工程師，有一個叔叔想要我成為教授，另一個叔叔想要我成為科學家。整個家族的人想要我成為這個和那個。我知道如果我做到了，有件事可以確定：我將會發瘋。沒人問過我——你想成為什麼樣的人？似乎沒人在意我；他們有自己的期望，我只是他們滿足自己的期望的藉口。」

每個人都成為不應該成為的人。詩人變成鞋匠，鞋匠變成總理。一切似乎都顛倒了，每個人都是痛苦的。

真實的人必須是叛逆的。他必須對全世界說：「我將會成為我自己，無論要付出什麼代價。如果我想要成為音樂家…也許不是每個人都是梅紐因或拉維香卡。我很可能會是在街頭乞討的音樂家，但我仍會是快樂的，因為我實現了自己的願望，沒有被任何人支配。」

那些支配你的人的意圖是好的。沒人會懷疑。如果聽從他們的建議，你會成為全國最富有的人，而現在你只是個街頭彈奏吉他的乞丐。但我要你跟隨自己的本性，成為街上彈奏吉他的乞丐會比成為全國最富有的人更讓你滿足和喜樂，除非你的願望是成為全國最富有的人。

有一個偉大的外科醫生，全國最棒的，他退休了，朋友們在為他慶祝。他的學生都來了——因為他是個大師級的醫生；沒人可以和他相比。他是個腦科醫生。即使到了七十五歲，他的手在手術時仍不會發抖——因為當你在動腦部手術，如果手稍微抖了一下，就可能切斷許多細小的腦神經。你會毀了病人的一生。你的手必須是鋼鐵般的，你必須命中手術點…因為腦部有七百萬根神經，裡面有七百個中樞。手術用的器械必須非常精密，醫生必須真的是個大師，不會傷害到任何細胞或神經，而它們是非常貼近彼此的…小小的頭部中有七百萬根。移除你想要移除的神經…那是世界上最需要小心處理的工作。

而他成功了，沒有任何手術失敗過，受到全世界的尊敬，並拿了諾貝爾獎。但在退休那天，他並不是快樂的。每個人都很開心，喝著酒，跳著舞。他站在角落，悲傷失落的。有個朋友問他：「怎麼回事？我們在這兒為你慶祝，而你悲傷的站著——彷彿某人死了。」

他說：「我想到某件讓我非常悲傷的事。」

那人說：「你悲傷？世界上最偉大的腦科醫生⋯每個人都嫉妒你。」

他說：「但你不知道我內在的感受。我從一開始就沒想當外科醫生。我想要成為音樂家，但我的父母強迫我成為外科醫生。我的一生只不過是個漫長的奴役。成為一個不成功的、默默無名的音樂家會比成為一個聞名世界的外科醫生更讓我快樂——因為這不是我。」

「這是我父母的慾望，他們的野心。我被操縱了、被剝削了，我的一生都毀了，只是用來滿足父母的慾望。現在我老了，我不認為我還能夠⋯但我會試試⋯因為這不是我的生活，而是依賴別人的想法所過的生活。」

真實的人是一個依照內在的本性來生活的人，依照他的個體性來生活的人。那需要勇氣和膽量，因為你正進入一個未知的領域。

你的父母和好心人都是有經驗的人——他們知道什麼對你是好的，什麼可以掙得更多錢和面子——認為你什麼都不懂。

但真實的人過著未知的生活，接受那個未知的，走在未知的路上，冒著失去一切的風險。他也許不會找到金礦，但他會得到很大的滿足。他的生命是一個被祝福的生命；他的死亡會是有所達成的死亡。

奧修，在美國社區的時候，我擔任你的園丁，那是我一生中最棒的、最美麗的、最讓我

感到滿足的時光。現在坐在你的腳旁，我突然了解到你是我的園丁。對嗎？

是的。但那個了解有點晚，因為在美國社區時，我也是個園丁。再仔細想想。和我在一起，你無法是個園丁。

我的弟子是我的花園，當他們綻放和開花，如同其它園丁，我也會很開心。隨著每個弟子的開花，我會再次成道——因為就我而言，那是毫無分別的，毫無差距的。特別是當你變成喜樂的，那個距離會變得越來越短。在你的痛苦中——你得原諒我——我無法和你在一起。你越痛苦，我們就相隔越遠。

但在你那些喜樂的片刻中，你是如此靠近我以致於沒有任何距離存在。在你的成道中，你甚至不是靠近我的——你和我是一體的。

我感覺有另一個春天再次來到。

所以這次你是對的。上次你是錯的。在美國社區的花園的那兩年，讓你當園丁只是一個使你接近我的策略——但我才是園丁。從現在起，無論你在哪兒，我都會是園丁。

所以讓自己像個美麗的玫瑰樹叢——為自己的存在帶來盡可能多的花朵。

奧修，你一定是這個擁有幾乎五十億人的世界中唯一的成道者。請直接告訴我：成道有

多簡單？

對我而言，直接是很困難的。我不是一個直接的人。

成道是很接近的，但都依你而定，你是否要讓它發生，或者要封閉自己。我知道夜晚是很暗的，但處於夜晚最黑暗的時候，你會很難相信早晨將要來到。但情況就是這樣：當夜晚最黑暗時，黎明就是最接近的時候。

即使太陽升起，你仍可以關著你的門，閉著你的眼睛。太陽是個紳士；它不會敲你的門——「開門！現在是早上了。」它只會來到門前等待。

這個問題是很重要的。成道可以在任何時刻發生，如果你真的是對它有接受性的。否則你可以繼續拖延無數世。你一直在這麼做。

你之前怎麼度過無數世的？這不是你第一次聽到「成道」這個詞。你並非首次有了想要成道的慾望。也許有數千次⋯但不夠強烈和全然，你仍是半心半意的。

所以那依你而定：如果想要成道的慾望是不冷不熱的，那可能要很多世；如果它是強烈的，不需要等到明天——它可以在這個當下發生，此時此地。

還有請不要要求我直接告訴你。

這些事不適合直接的人。

這不是算術，我無法說需要三年、兩年、一年或一世⋯

一切都依你而定。你可以永遠昏睡著，也可以在這個當下覺醒。

奧修，隨著越來越接近那個未知的，我如何確定我走在正確的路上？

走在正確的路上的跡象是很明顯的：你的緊張會開始消失，你會變得越來越冷靜和鎮定，你會在你從未想過有任何美麗的事物中發現它的美。

最不重要的事將會有無窮的重要性。世界每天會變得越來越神秘；你會變得越來越不博學多聞，越來越天真——就像追逐著蝴蝶或在海邊收集貝殼的小孩。

你會感覺生命不是個問題，而是個禮物，一個祝福，一個至喜。

如果你走在正確的路上，這些跡象會持續成長。

如果你走在錯誤的路上，相反的情況會發生。

奧修，我的心在哪兒？以前我可以感到它溫暖的能量和胸部的擴張，現在大多時候的我感到空虛，有時感覺有個洞，它不在那兒，有時感覺找不到它。

你的心在我這兒。我是大師級的小偷。

第四十一章
從資訊到轉變

奧修，我不了解什麼是成道。噢，我美麗的師父，你是否可以給我一些關於成道的感受？

生命中有些事是無法了解的。它們可以被經驗，但無法被解釋。解釋只會變成辯解。關於這類的事，你必須經歷過轉變。

你要我提供資訊。關於客體的資訊是可以給予的；科學就是資訊。但宗教則是轉變——當宗教變成了資訊，它就死了。

你要我給你一些關於成道的感受。你看不出一個簡單的事實嗎？——感受是無法轉移的；你只會擁有它們或無法擁有它們。

即使是日常生活的感受⋯⋯對於甜蜜水果的感受是無法解釋的。你得自己去嚐嚐。

我可以為你指出那條路，可以取得水果的路，有成熟的水果等著你的路，那兒的花朵已經變得很疲憊，因為它們已經等了你很多世，仍在希望有一天你會來到。

我想到拉瑪克理虛納的妻子，莎達，曾遇過一個美麗的事件。

拉瑪克理虛納死前告訴莎達：「記住，我會一直在這兒，也永遠會一直在這兒，所以不要把自己當成寡婦。只有我的身體會死——但妳是嫁給我，不是我的身體。」

在印度，當丈夫死了——特別在孟加拉，對女人，他的妻子，會特別殘酷——她的頭髮被剪光：因為那個女人有一半的美是因為她的頭髮。她不能穿任何有顏色的衣服；只能穿白色的。她不能用任何裝飾品，特別是已婚女人用的玻璃手鐲。當丈夫死了，她得把手鐲打破。我得告訴你們為什麼玻璃手鐲被當成婚姻的象徵：因為在這兒，生命中的一切就像玻璃——是會破碎的、易碎的。

當丈夫死了，她得把玻璃手鐲摔到地上。它們必須是玻璃製的，不能是金屬製的，不能是黃金製的。

但拉瑪克理虛納禁止她：「儘管傳統如此，我禁止妳這麼做。維持跟我在一起生活的樣子。我愛妳準備的食物和甜點。每天都要準備我的食物和甜點；當我在吃飯時，用平常坐在我面前的方式坐著，我有一天會回來。」

然後拉瑪克理虛納死了。

每個人都試著說服莎達：「不要這麼瘋狂，不要和傳統作對。拉瑪克理虛納平時只是有點瘋狂，但似乎臨死前，他已經完全瘋了！」

但莎達說：「我不是嫁給傳統和習俗——我嫁給這個美麗的瘋子，我將會聽他的。」她沒有哭，繼續使用裝飾品、玻璃手鐲、穿有顏色的衣服；沒有剪掉頭髮。

人們說：「我們一直以為拉瑪克理虛納很瘋狂；但莎達似乎更瘋狂。她是寡婦，但行為卻像剛結婚一樣。」

她會抱著同樣的熱忱準備食物，把它送到拉瑪克理虛納的房間，坐在他面前，也是以往坐的地方，手上拿著小扇子——在東方，數千年來，妻子會坐著旁邊拿著扇子搧風，這樣就不會有蒼蠅或其它東西碰到食物。

人們說：「妳瘋了。那兒沒人。」

一天會重覆兩次，而她活了很多年。

每當人們問她，她會說：「無論發生任何事…我知道他有一天會回來。」如此的有耐心。我告訴你們這件事是因為你們的成道、你們的達成，以無盡的耐心等待了數百萬年。有一天一定會發生。

拉瑪克理虛納也許會回來，也許不會，但有一天，你們都會坐在菩提樹下，成道了——那是可以確定的。那是你的本性。一切都依你而定：你可以是懶散的，用很多世的時間抵達你的菩提樹。也可以是全然的，你的強度使你變成一支箭，用光速前進。

成道只不過是你變成了光，你內在的存在變成了光。

也許你有聽物理學家說過，如果任何東西用光速前進，它就會變成光——因為速度太快了，不斷的摩擦而產生了火。它燃燒了起來，只會剩下光。物質消失了，只剩下非物質的部分。

成道就是你內在中的光的爆發的經驗。

也許是因為你想要成道的慾望以光速前進，像支箭，你的慾望，你的渴望變成了火焰，一個光的爆發。不存在成道的人，只有成道存在。存在的只會是你內在中驚人的日出。

你無法從某人那兒借來任何經驗，但你可以擁有那個經驗。何必在一開始就用借的？你不了解什麼是成道？你永遠都無法了解，除非你去經驗。

這個世界的法則是：先了解某件事，然後才去經驗它。

但內在世界中的法則剛好相反：先去經驗，然後去了解它。

奧修，有些事放在我心中很多年。我現在說出來是因為它們可能和悉達多在前幾天晚上達顯時的美麗揭示有關。這些事也許不會被在乎，但卻有其重要性，我非常謙卑的在你面前用我存在的深度來敘述它們。

在三十二歲那年，我在家裡帶著四個小孩。為了心靈面的成長，我參加了遠距教學。在你成道的那一天，我的丈夫不在，小孩都睡了。我正在研究生命相關的東西；然後房間突然充滿了閃爍的白光——我沒看過這樣的光。除了光之外，我什麼都看不見。我不知道它持續了多久，只知道某件非常重要的事正在發生。我的呼吸幾乎停止了。

當我的丈夫回來後，我試著解釋發生了什麼事，但因為很難了解整個狀況，所以我們沒

有再討論它。等到另一個三十二年才對那個狀況比較了解。

我參加某個戲劇課已經十七年了，其中有兩部悲傷的影片令人感到絕望，因為那是在描述核武的效果。那天我痛苦的回到家。進了門後，我倒在地上，張開手臂。我處於一個空無的黑暗空間，敞開自己去尋找某種答案。在那兒待了很久，然後我進了臥室躺在床上，突然被同樣的白色閃光包圍住；房間似乎消失了，幾個片刻後，在光芒中漸漸顯現某個男人的頭部和雙肩，他看著我。然後某個女人側對著我顯現了雙肩，她舉起雙手靠著胸部形成了杯狀，手中出現了一個小孩。這一切都被光芒包圍住。我不知道他們待了多久，但當他們和光芒消失後，我整個人氣喘吁吁，彷彿剛跑步過。

我後來知道三十二年前看到的第一個光芒是奧修的光，充滿了全世界，讓所有人能取用。

我現在已經做好接受它的準備。

我現在知道第二個事件是屬於我們這個時代的真理。

第一個實相發生在我三十二歲，而你那時是二十一歲，那個光是你的成道，它充滿了整個宇宙。

隔天，我的桑雅士朋友——他幫我做了些工作——觀察到我的巨大變化。那發生在我來到你身旁之前沒多久。

我提出這些事是因為這個在我們內在的光是無法被隱藏的。我向成道者的最終真理鞠躬。我鍾愛的師父和朋友，我了解和別人提出來的事件相比，這些事件也許微不足道，但我以充滿愛的心呈現給您。

吉凡瑪麗，就經驗而言，靈性的達成之路沒有任何分別。沒有重大的、重要的、渺小的、不重要的分別。所有旅程上的經驗都有相同的重要性，因為每個經驗都引領妳更深入實相，更深入妳自己，更深入存在。

妳的第一個經驗是突然看到一個閃爍的白光，三十二年後，妳才知道那是我成道的那天……不是只有妳經驗到；也許還有十個人經驗到。所以他們自然會驚訝，但他們不知道原因。一直到數年後，他們才知道那個經驗似乎和我的成道有關。

我和這些人之間有很大的距離。

但就人類心靈上的存在而言，空間和距離並不重要。如果妳是敞開的，有接受性的、任人取用的，當某人成道……那個經驗、那個震動、那個光，就會圍繞整個地球。任何可以接受它的人、歡迎它的人、了解它的人……他們不會只看到閃爍的白光——那是外在的顯現——裡面還藏著某個東西。在他們的看之中，他們的存在做了一個量子跳躍。

他們不再是同樣的人。對那個光的經驗已經在他們的生命中劃下了一條線，一個間斷。

某個嶄新的東西進入了：他們變成可以接受彼岸的；他們不再只有心理上的存在。某個靈性面的東西從黑暗中出現了，就像冰山——有一部分在水面上，十分之一。大部分的冰山仍在水面下，但一個劇變已經開始了。

妳的第二個經驗屬於更深的奧秘。那和第一個經驗相關。

第一個經驗是我的成道。妳分享到它，參與了那個慶祝。妳是被歡迎的客人。

第二個經驗是我整個思想體系的象徵：我超越了成道，某個嶄新的東西誕生了。到目前為止，成道一直是那個最終的。

現在它不再是那個最終的。

我打破了這個僵局。我打開了一扇小門——一個新的誕生、一種新人類、一個新的未來。成道會一直有其無窮的價值，但直到目前為止，它還是終點。現在它將再次是新旅程的開始。

這個突破有很多重要的暗示。有些是值得記住的。

第一，過去對成道的概念不是完整的。它只是一部份，因為全世界的宗教都強調男人要放棄女人、世界和所有感官的享受。他必須變成一個禁慾者——事實上，他必須成為一個折磨自己的人，因為讓男人離開女人是折磨的開始。

男人和女人是整體的一部份；他們不是對立的，他們是互補的。

我強調的是：不需要任何放棄或自我折磨、不需要為自己創造一個痛苦悲慘的生命。

女人不是不利男人的。

新人類必須創造正確的氛圍，男人和女人會是朋友和旅伴，使彼此完整。旅程必須是喜悅的，必須變成一首歌、一支舞。

如果男人和女人處於全然的和諧中，他們生下的小孩會是我們數千年來一直夢想的超人。但超人只能透過男人和女人的能量的和諧統一體才能創造出來。然後他會生下來就是成道的。

在過去，人們必須尋求成道。但如果小孩是透過處於全然的和諧和愛的伴侶生下來的，他會生下來就是成道的。不可能是別的。成道會是他的開始；他會從一開始就尋求超越成道。他會尋找新的空間和天空。

妳的第二個經驗是我整個思想觀的代表。

我一定會被舊宗教譴責。我甚至不能抱怨他們。但我接受，那是自然的——因為我試著為世界帶來一個全新的宗教經驗。透過這個新的宗教經驗，就一定會有一個新世界、新人類、新見解和可以感受的嶄新的心。

妳是被祝福的，雖然離我很遙遠，但經驗到我的成道和超越了成道。妳是完全成熟的，妳將會爆發而進入彼岸，進入那個未知的、狂喜的存在。

就身體而言，妳是年老的，但妳的心比所謂的年輕一代還年輕。妳不只是變老，妳還有成長，變成熟了。

我可以毫不猶豫的說：這將會是妳的最後一世。妳不會在死前還沒經驗到妳的永恆和不朽。

很難預測這類的事，因為有很多危險。一個人可能會在最後一步時迷失自己——再一步就到家了，但仍可能走錯路。

有一個故事。

有個國王，他不只是個國王，還是個成道者，正在對宮裡的占星家說：「你的領域是最複雜的。幾乎不可能預測人的行為和未來，因為每一步都會遇到十字路口，而一個人永遠不會知道他會走哪條路和換哪條路。生命充滿了意外，一切都像在黑暗中；而人們是無意識的。」

但占星家說：「不，並非如此。」

國王說：「那你得用實驗來證明。我知道王宮前面坐著一個乞丐……」

王宮前面有一條美麗的大河，乞丐常常過了橋就坐在王宮前面。他確實是最富有的乞丐；他是王室的乞丐。也是很強壯的人——他讓王城的所有乞丐知道這個地方屬於他的，不能有人試著要到這兒。

你也許不知道乞丐一直在這麼做。你也許不知道你也是某種乞丐，沒有其它乞丐可以接近你；你是佔有某樣東西的乞丐。

在某一個我常去的城市中，我常會在火車站遇到某個乞丐，然後給他一盧比。有一次我到了那兒，沒看到他。有個年輕人站在那兒，我問他：「怎麼回事？那個老人呢？」

他說：「我是他的女婿。」

我說：「女婿？但他在哪兒？」

他說：「他把火車站當成嫁妝給我了。現在這兒是我的。」

那時我才知道我們並不知道我們屬於哪些乞丐，我們的房子和街道…沒人知道。那是他們內部的決定；那是有分配的。

所以國王的王宮會是乞丐的王國。國王說：「明天當那個乞丐過來，我們會在橋中放一個裝滿金幣的金壺。他很早來，所以他會是第一個過橋的人，他將會拿走那個金壺和裡面的金幣。」

占星家、國王和其他友人都在等待，從王宮觀看。乞丐來了，但他們很驚訝：他閉著眼睛行走，同時用拐杖探路。但他沒有瞎；從來沒人看過他拿著拐杖。

占星家說：「真奇怪。」

所以乞丐錯過了金壺，因為橋很大，而且他閉著眼睛走路。

他抵達了王宮。

國王把他叫來：「怎麼回事？你並沒有瞎。」

他說：「不，我沒有瞎。」

「你也從未拿過拐杖。」

他說：「從來沒有。」

「今天發生什麼事了？」

他說：「早上要出門時，突然有了一個念頭，如果我是盲人——在這個世界上，任何事都可能會發生；人會變瞎子——那我是否能找到抵達王宮的路？所以我想最好還是試試。我沒有瞎，但最好先試試，做個演練，以免我瞎了。」

國王對占星家說：「你了解我的意思嗎？這個人錯過了裝滿金幣的金壺。因為腦中的念頭：『如果我有一天瞎了，最好先做個演練。』巧的是他選擇今天來練習。」

很難預測誰會成道，因為人會錯過最後一步——到了廟門前，卻回頭了……只因為某個念頭……

但關於吉凡瑪麗，我要說她會在這一世成道。她的經驗顯現她的心的純淨。她不是理智型的女人。她的純粹一直在成長，死亡不會這麼殘酷。她隨時都會成道……而且會在死亡前發生。

她應該如同以往的繼續過著簡單的、平凡的、謙虛的生活。她不該想著自己將會成道；否則那個想法會造成困擾。

她不該擔心有沒有成道。如她所是的，就是最好的。她應該繼續處於她的謙虛、愛、純粹和慈悲。

成道會自行發生，不用欲求或期待。

奧修，今天的問題是超越信念的：要如何毫無悲傷的死？你說你是個殺人犯，但你什麼事都沒做。你最終的無為是否是你無形的劍？也許是我對你無法想像且無法抗拒的愛刺穿了我，一個看不見的切腹。

這個問題中已經有了它的答案。我確實是個殺人犯。同時，我什麼事都沒做，所以我屬於一種很奇怪的殺人犯。就像蠟燭，飛蛾會自行來到，跳著舞，然後自行死去⋯蠟燭什麼事都沒做，但它確實殺了牠。

師父的功能就是創造這種能量，如此奇幻的力量以致於你被吸引，漸漸的，你開始消失。然後一個時機來到，你和存在合而為一。我把這稱為真正的死亡。

你每天看到的死亡不是真正的死亡；那只是換了房子或換了衣服。師父是真正的死亡——因為當你投入到師父讓你取用的能量中，你就無法再以任何形式返回；你會消失在巨大的宇宙中。

就某方面而言，那是死亡：你不再是這個渺小的、被囚禁的靈魂。

就另一方面而言：那是永恆的生命：你不再被囚禁，你將會和生命合而為一。

你將不再是分開來的；你會是不朽的、遍及一切的。你所有的痛苦和限制——出生、死亡和年老——這些會消失。你會是年輕的、震動的、永恆的生命。

一方面，師父是死亡，另一方面，他是復活。

奧修，每當我靜靜的坐著，什麼事都不做，就會被一股深深的悲傷包圍著。為什麼會有這個悲傷？是否我沒有正確的靜靜的坐著？

你是正確的。

剛開始寧靜感覺會像悲傷，因為你一直是活躍的、忙碌的、被佔據的——然後你所有的活動和作為突然消失了。那感覺如同失去了一切，所有的生命，因此會像悲傷。

但再耐心點——讓這個悲傷停息。這就是寧靜的開始。

當悲傷停止了，你會開始享受到安寧、無為、毫無混亂的…會有一個時機來到，你會知道那是個誤解：那是寧靜，但你誤以為那是悲傷。你只需要熟悉它。和你所謂的悲傷有更深入的友誼，它會變成你深入的、冷靜的寧靜。

但我們很習慣處於忙碌的狀態。沒人會讓自己或別人放鬆或不做任何事。人們持續譴責這樣的人。

我聽說有一天，紐約的大主教進了教堂後看到一個很像耶穌的年輕人。

他想：「不可能…耶穌？他一定是個嬉皮；很多嬉皮看起來都像耶穌。鼓起勇氣，不要怕。」

他走近年輕人：「你在這兒做什麼？」——雖然他的內心顫抖著：「誰知道？他說過會回來；也許他來了。」但……紐約？他應該去以色列。

年輕人笑了。他說：「不用擔心，不用顫抖。」

他說：「我的天，你知道我的內心顫抖著？」

「是的，」他說：「我知道，你以為我是個嬉皮。你這笨蛋！你認不出你的主耶穌基督嗎？」

他說：「我有認出你。事實上，我進來時就在想：我的天，這個人看起來跟耶穌一模一樣。」

他說：「我不是看起來像耶穌，我就是耶穌。」

大主教說：「請等等」——因為他想到：「現在要怎麼辦？」他從未想過這輩子會遇到耶穌基督。如果你遇到耶穌，該做什麼？所以他立刻打電話到羅馬的梵蒂岡。他問教皇：「這非常緊急。耶穌來到我們的教堂。那傢伙似乎真的是耶穌，因為他可以知道我在想什麼！」

連教皇也開始顫抖：「這太奇怪了！」

大主教說：「我該做什麼？」

教皇說：「做什麼？——讓自己看起來很忙碌，然後通知警察！我們還能做什麼？讓自己看起來很忙，這樣主就不會認為祂的主教和大主教在浪費時間或沒做任何事。去做點事，任何事都行。不要打擾我。還好他沒來這兒！快去通知警察。」

讓自己看起來很忙⋯

即使你在自己的商店或辦公室靜靜的坐著，當某個人來了，你也會開始裝忙——把這個資料放在那兒，把那個資料放在這兒，你知道這都是不必要的。但只是坐在椅子上不做任何事看起來似乎不太對。那個人會怎麼想？做事是可以接受的，忙碌的人是可以接受的。

我曾是一個很傳統的教授的學生，他許下了禁慾的誓言。在教導印度哲學時，漸漸的，他變得很涉入其中⋯

就像所有的孟加拉人——他是個孟加拉人——他常攜帶雨傘。其它孟加拉人會感到尷尬，無論有沒有下雨，無論天氣是否炎熱，他們都會帶著雨傘；雨傘是必須的。但這個教授巴特猜亞不會尷尬，因為他常常用它，用來挽救他的禁慾：他會把雨傘拿很近，離頭部兩三呎，這樣就看不到學校裡的其它女性。

最麻煩的是他的班上只有三個學生——兩個是女孩，而我是第三個人。由於這兩個女孩，他常常閉著眼睛。因為教書時不能拿雨傘，那看起來很⋯太過分了！

那讓我很高興，因為他常閉著眼睛，我也會閉著眼睛。然後我睡著了；那是我用來睡覺的時候。他以為我也是個禁慾者；所以非常尊敬我。

有一天，那兩個女孩缺席了。他開始張開雙眼教書，但我已經習慣睡覺了，於是我仍閉著眼睛。他說：「你可以張開眼睛了，因為那兩個女孩不會來。」

我說：「跟女孩無關，這是我睡覺的時候。」

他說：「我的天，我這麼尊敬你，以為你也是個禁慾者。」

我說：「別亂說。如果我是個禁慾者，我就會隨身帶著雨傘！你應該知道的，因為我從未拿雨傘。沒有雨傘，有誰能禁慾？」我說：「你繼續教書，那不會影響我。你已經把我訓練得很好了⋯兩年來一直聽你講課，使我睡得很好。那已經是個戒律。我現在可以在任何地方睡覺。」

他說：「那上課還有什麼意義？你睡吧。我回家去。」

我說：「由你決定。」

他說：「但那些女孩的缺席揭示了一個事實。」

我說：「並沒有揭示任何事。你是先看到女孩才閉上眼睛。你已經看到女孩了——你承認嗎？——否則你要如何決定是否閉上眼睛？」

他說：「沒錯。」

「你今天為什麼沒有閉眼睛？——因為你已經發現那兩個女孩不在這兒！所以你毫無必要的注意那些女孩——何必自找麻煩？我懷疑即使躲在雨傘裡面，你仍再看誰經過，無論男人或女人。雖然你看不到臉，但你可以看到腳和腿。你的禁慾是如此表面⋯甚至只是看到女孩赤裸的腿就中斷了。雨傘沒有幫助。沒有任何經典說禁慾者必須攜帶雨傘。你怎麼會有這個想法？只需要當個傳統的孟加拉人⋯」

「你不是禁慾者，因為禁慾者不會這麼害怕。他應該是無懼的，而你是如此恐懼。在這個恐懼的狀態下，你會忘掉所有和禁慾相關的。」

你的問題就包含了答案。但你似乎閉著眼睛寫問題，或者你是無意識的寫下這個問題，甚至沒想到自己已經回答了這個問題。

當你和師父接觸的那一刻，你就開始死去。

那是個緩慢的過程。如此緩慢以致於你沒察覺到。只有當你來到一個我稱為無法回頭的狀態時，你才會察覺到——你已經無法回頭了，因為幾乎四分之三的你是死的。即使你回頭了，人們也會把你當成鬼魂；沒人會認出你。

悲傷也是如此。你提了問題，但你沒有讓悲傷穿透你的存在。你不讓自己熟悉它。如果你允許它，你會發現悲傷只是寧靜的開始。

因為你來自一個有太多作為的世界，當你突然停止做任何事，那看起來是悲傷的。在進入寧靜前，你得先經過過渡期，那就是悲傷。

但悲傷有它的美。它是非常深邃的，它有它自己的平靜、柔軟和沉著。它是個美麗的經驗。

所以不要試著避開它，如果你這麼做，你就避開了通往寧靜的門。

享受它、張開雙手接受它、擁抱它。你越是歡迎它，悲傷就越早變成寧靜。

而寧靜會漸漸變成沒有聲音的樂曲。

奧修，我在十二年前結婚。兩年後，我被你點化，然後開始靜心。但奇怪的是，在點化後，我的妻子和我開始在愛裡面成長。她也愛你。但聖人說對妻子的愛會阻礙你達到最終的。我們是否走在正確的路上？請指引我們更深入朝聖的旅途，那個通往最終的。

任何這樣說的人都不是聖人。但我能了解你的疑問。

在過去，很多所謂的聖人都在教導人們成為不自然的、不正常的。這些人基本上是病態的，他們不是聖人。但他們可以做到某些一般人做不到的事，因為這樣，人們以為他們擁有特別的力量，以為那些力量來自他們的聖性。

例如，瓦拉納西的人可以躺在釘床上——他們被當成聖人來膜拜；無數人都來膜拜他們。你自然無法躺在釘床上，因為你不知道技巧。那技巧很簡單；一旦你知道，你會感到好笑。那不是什麼特別的力量；這個人在愚弄你。你的背部有些地方是敏感的，有些是不敏感的。只要叫你的小孩、妻子或朋友拿根針扎你的背，你會驚訝：有些地方會覺得痛，有些地方甚至被針插入也不會痛。那兒沒有敏感的神經，那些地方是盲點。

那些釘床是專家製作的，那些釘子只會觸碰到背部不敏感的地方——但躺在上面的人變成了聖人。他並沒有做任何創新的事，這不表示他有任何天賦或智慧，但透過一個簡單的詭計就使他可以愚弄人們。

有些人⋯⋯我經過某個村莊，看到一群人，所以我停了車，詢問發生了什麼事。他們說：「我們的村子有一個偉大的聖人。」

我問：「他的偉大之處在哪兒？他神聖的地方是什麼？」

他們說：「他已經站了十二年。」

我說：「即使站一千兩百年也不會使他成為聖人。」

我去找了那個人。他的手被一個東西支撐著，他的腳已經變成大象般的腳。那確實是某種病：如果你持續站立十二年，大腿會累積越來越多血液，變得越來越粗。他的上半身已經萎縮了，所有重量都來到下半身。他的臉像被折磨過。雙眼沒顯示出任何智慧。他甚至不會講話。那十二年奪走了他的一切，但卻使他得到無上的榮耀。

有一群教士把他包圍住，從早到晚不斷的唱頌，蒐集人們的捐款。有很多人來到這兒膜拜他。

這就是自我，會使你做出任何蠢事，只要它能得到某種滿足。

現在有很多村子把他當成偉大的聖人——如此的廉價。

如果你去觀察你們的聖人，你很少會看到有智慧的、天才的。你會發現各種智障，但他們都至少做到了某件事：他們做了某件你做不到的事，那使他們是特別的。彷彿他們做了某件神聖的事。

你說聖人說女人會是阻礙。

任何這樣說的人：女人對他而言會是個阻礙，那是可以確定的。可以確定他在承受性壓抑的苦。現在他試著把自己的情況用在所有人身上。他自己的壓抑是種病，然後他創造了一個理論對全人類說女人是阻礙。但她們不是。

我知道一個聖人，一直在進行反對女人的教導。我問他：「如果女人是男人的阻礙，那女人會更容易進入天堂，因為沒人阻礙她們。男人不是女人的阻礙；沒有任何聖人或經典說過。」

所以似乎所有的女人都進了天堂，而所有的男人都在地獄受苦——這是自然的，因為沒有任何阻礙的女人能去哪兒？你得讓她們有地方去。而所有的男人都在受苦——但他們要為自己受的苦負責，因為他們逃走了。每當你逃避任何事，它就會跟著你。那會變成你的幻想，出現在你的夢中。他們沒有解決問題，他們是懦夫。

我的人不逃避任何事。

生命是用來解決問題的美麗實驗。你解決越多問題，你就變得越有智慧。逃避不會是方法。

如果女人是你的問題，那就找出原因。也許你就是原因。也許你想要支配女人。如果丈夫想要支配妻子，自然的，妻子也會用自己的方式回應：她會開始試著要支配丈夫。只是他們的方法是不同的。

男人要為女人的無知、沒有接受教育和沒有教養負責，男人要為女人幾乎被關在家裡負責。如果她們有所反應，能怪誰？

你奪走了她們的自由和獨立。經濟上，她們無法靠自己。教育上，你完全奪走了她們受教育的自由。她們無法在這個充滿競爭的世界和男人對抗。男人得到了所有特權，而女人沒有任何特權。這是男人的世界，好幾世紀來，在每個文明和國家，女人只能接受自己是個奴隸。

如果她有任何反應，如果她找你的麻煩，使你的生命很痛苦，我想這是完全正確的。避開她：你能躲到哪兒？你可以避開女人，但你的內在有一種需要女人的本能——那個本能會跟著你。你可以逃離你的妻子，但你內在的本能會在某個情況下製造麻煩。

我聽過一個故事。有個偉大的聖人快死了，他把大弟子叫來，給了他最後的訊息。一片寧靜，因為那是最後的訊息；一定是某件很重要的事。但聖人對弟子說：「記住：家裡永遠不要養貓」——然後他死了。

每個人都感到震驚。一個偉大的聖人：這是什麼訊息！

人們會問聖人說了什麼？——大弟子感到迷惘。他問了村裡的長者。

他們說：「你不知道你師父的故事；但我們知道⋯⋯」

他逃離了妻子。躲到某個村子旁的森林裡，在那兒乞食。

村民說：「我們是窮人，但你每天都會來——雨天、寒冷或炎熱的日子——你有困難。而我們是窮人。所以我們有個建議，一個簡單的建議，那會幫你解決必須每天都要來這兒的問題」——因為那是同一個問題。

他有一件很特別的神聖內衣——問題在於森林中有老鼠，牠們會咬破他的內衣，所以他得到村子找人修補。

他們說：「這是多此一舉。我們建議你：我們湊了錢買了一隻牛。你帶走這隻牛，我們會在你的小屋旁邊整理好一塊地，這樣你就能種些草。然後牛就有草吃，而你也可以靠牛奶過活。」

「我們還有一隻美麗的貓，你也可以把這隻貓帶走。那隻貓會對付老鼠，你的內衣也不再會被弄破。但你也得給貓喝些牛奶，因為老鼠不夠餵飽牠。」

他覺得這似乎是個好計畫，於是帶走了貓和牛。剛開始前幾天都不錯，但後來問題開始發生。

無法只喝牛奶過日子；營養不夠。對嬰兒是足夠的，但對成人不夠。

於是他回到村子：「我現在過得還好，你們的貓有很大的幫助——牠吃了老鼠，內衣的問題被解決了。但出現了新的問題：只靠牛奶過活使我感覺很虛弱。」

他們說：「沒問題。我們再整理好一塊地給你。你的房子周圍有很多土地。我們的村裡有個寡婦需要工作。她是個很好的女人，讓她跟你住一起。」

他有點猶豫：「我逃離了妻子」……但寡婦不是妻子。

人們說：「你有時候會疲倦——她可以按摩你的腳。如果你頭痛，她可以按摩你的頭。

她可以照顧你的牛和貓。她曾是農夫的妻子，所以她可以種田——你也可以幫她——種自己想要吃的東西。你就不需要再擔心了。」

於是他帶走了寡婦。寡婦個性很好，而且她很美。他的內心顫抖著，但他說：「這似乎是唯一的解決方案。」

寡婦開始工作了。她負責了全家的工作，美麗的處理了每件事。她會按摩他的腳，讓他洗一個很舒服的澡。漸漸的，他們逐漸⋯愛透過如此奇怪的方式來到。很快他們就有了小孩，然後整個俗世再次進入了。

村裡的長者說：「那就是為什麼他說：『不要在家裡養貓。』因為事情就是從那兒開始出錯。」

但你無法避開。

男人只有一半，女人也是。讓他們分開是在創造不必要的災難，在災難中，意識不會有任何成長。

意識只會透過喜樂的、快樂的方式有所進展——當你擁有想要跳舞或唱歌的心情。

所以發生在你和你的妻子身上的⋯

你是個桑雅士，你的妻子愛我，你們都在靜心，你感覺想要更深入靜心。不要在乎任何聖人說女人是阻礙的話。深入你的經驗：你的妻子一直是個幫助。

說那些話的聖人一定是逃避現實的人。永遠不要聽從逃避現實的人。

世界適合那些可以住在它裡面又不會讓它進入他們的人；可以待在世界裡，但不讓世界待在他們裡面。那就是桑雅士的整個秘訣。

奧修，據說生而為人是幸運的，但遇到一個成道的師父是更幸運的：如果一個弟子處於深深的愛，把一切奉獻給師父，向師父臣服，然後達成了一切。他會是最幸運的、最受祝福的人；愛成就了一切。

我不是被祝福的，我是個微不足道的弟子。請在路上灑落你的光。

沒有微不足道的弟子或偉大的弟子。一個人只會是弟子或者不是弟子。你無法是微不足道的弟子。你說的微不足道是指什麼？——尺寸或重量？成為弟子的條件是相同的。那不是數量上可以比較多或比較少的東西——它是一種特質。

所以成為弟子的你是完全沒問題的。你跟其它弟子一樣都是被祝福的。而且你是更被祝福的，因為你認為自己是微不足道的，那個微不足道的感覺就是謙遜。

奧修，當我接受點化後，我聽你說過在持續的努力下，是可能抵達最高峰的。雖然我是

德國人，我知道自己是懶散的，偶爾會努力一下，偶爾會有個瞥見，然後又睡著了。我似乎還沒得到它。我是否得更努力呢？

沒有任何人得做任何努力。一個人必須是更放鬆的。

你感到困難是因為你是個德國人；因此放鬆似乎看起來像懶散。

你不需要做任何努力。只需要張開雙眼，看看四周：你正坐在你想要抵達的山頂上。

每個人都已經待在他想要抵達的地方了。那需要時間——有時候好幾年，有時候好幾世——在世界各地徘徊。最後，當他到了家，感到驚訝：這就是一開始他一直待的地方。

不需要任何努力。只需要偶爾張開眼睛，看看你所待的地方，看看你是誰。

沒有德國人、印度人或義大利人的分別。你是個桑雅士。但你在胡說什麼？說自己是德國人？在成為桑雅士後，你無法還是德國人。

那就是德國政府如此擔心的原因。他們不讓我進入德國，因為他們知道如果我在德國，德國將會消失。已經有很多德國人消失了；他們不再是德國人了。

任何成為桑雅士的人會立刻放下他的宗教、國家和種族。他首次了解到成為人類就已經如此美麗：何必帶著不需要的行李？

所以就我而言，一切都很好，懶惰是好的。只要偶爾張開眼睛，看看你在哪兒。享受那個當下。不要思考任何目標。不要成為目標導向的。

桑雅士不是目標導向的。桑雅士是當下的達成，此時此地。

不需要任何努力——因為你已經在這兒，已經在當下。即使最懶惰的人也可以偶爾張開眼睛看看自己在哪兒，看看自己是誰。事實上，最懶惰的人可能會比所謂的活躍的人更早抵達。

活躍的德國人是危險的。懶惰的德國人是相當好的。如果全世界都是懶惰的，我們將會擁有一個美麗的世界，沒有任何戰爭、原子彈、核武、罪惡、監牢、法官、警察、總統或首相。人們是如此懶惰以致於他們不需要這些胡扯認為所有的活動都是絕對需要的。只需要偶爾想想：世界上是否有任何懶人做錯事？但可憐的懶人仍然被譴責。

有兩個懶惰的人躺在樹下，一棵美麗的芒果樹。芒果都成熟了，有一粒芒果掉在樹下。就在某個懶人身旁，但他沒去拿。只要伸出手就能拿到。

另一個懶人說：「你算什麼朋友？有隻狗尿在我的耳朵上，而你什麼都沒做。」

他說：「我為什麼要做任何事？有個美麗多汁的芒果就在我旁邊，而你還假裝是我的朋友，卻什麼都沒做——你聽到它掉下來了，你看到它掉下來了。」

懶人從未傷害過任何人——他們做不到。他們無法處理這些問題。

那些活躍的人才是真正的問題。

所以不用擔心你的懶惰。就我而言，那是完全可接受的。我要世界變得比較不活躍的，更享受懶惰的：放鬆的躺在海邊、做日光浴、玩吉他…做任何懶人可以做的事，不要做任何活躍的人一直以來所做的事。活躍的人創造了納迪爾莎、成吉斯汗、帖木兒、希特勒、史達林、墨索里尼和雷根。世界需要擺脫這些活躍的人。沒人寫過關於懶人的事，沒有任何和他們相關的歷史。世界上一直有懶人，但沒人寫過關於他們的歷史。而他們是地球的精華。

第四十二章
成為一個尋找者，不是信徒

奧修，我非常了解你為什麼要我們漸漸不再依賴你身體上的存在，但我納悶你要怎麼做。有一天你說你有自己的方法。我完全的信任你，我知道你不會掀開你和我們之間最難以察覺的面紗；如果你這麼做，那是因為我們的旅程上少了某個東西。但我無法不思考和擔心：「你要怎麼遠離我們的存在？」鍾愛的，你是世界之王，對我而言，你來到印度就像耶穌來到耶路撒冷。對嗎？

當你越過了人格的邊界，意識就是一體的。它可以是佛陀的、耶穌的或莊子的。這些名字是人格的名字，那和彼岸或純粹的意識無關。它一直是相同的：任何存在著超意識的地方，就是耶穌回到了耶路撒冷。

我了解你的恐懼，因為你不了解我的方法。

對你而言，似乎只有一種消失的方法，然後我就不再會是你的阻礙，只剩下你獨自一人。那就是為什麼我說我有自己的方法。

我可以融入到你裡面；我也可以讓你融入到我裡面。我們不需要是分開的。我們可以合為一體，然後阻礙就消失了。

阻礙必須被移除的想法是很粗魯的；不需要移除它。

如果你準備好了，你就能和我合而為一。

如果你在害怕，那我可以和你合而為一。

根本的問題是天堂的門是很窄的，只能讓一進入，無法讓二進入。現在，這不是我的錯！——只是因為那是自古以來的架構……

奧修，身為一個基督教徒，我想過：「耶穌愛你，祂活在你心中。」但我找不到祂——不在我心中，不在別人心中，不在教堂裡面——更別說上帝了，教堂應該是祂所在的地方。

現在我遇到你了。我感受到你的愛；看著別人，我感受到他們內在的某些東西。

昨天我在屋內看到你。我甚至不用去找你；你就在那兒。

當我信任，一切似乎就很順利的進行著。進入我心中的人就是你嗎？

是你的信任創造了奇蹟。

沒人為你創造奇蹟，但你的信任就是所有奇蹟的源頭。

你被以基督教的方式帶大；那是個不幸，但沒人能避開。

如果沒有被以基督教的方式帶大，你也會被以印度教、回教或猶太教的方式帶大——這些疾病都擁有可以摧毀你和你的信任的相同特質。

事實上，摧毀你的信任就是摧毀你。

因為你被以基督教的方式帶大，你被告知耶穌愛你、耶穌在你心中。但這些都是別人說的，不是你的經驗。它們是假的；從來就不符合你的了解、智慧和直覺。但你仍然相信，因為別人都相信那些話。不相信會帶來很多麻煩。

跟隨群眾是比較容易的；否則群眾會是很粗魯的、原始的。如果人們服從迷信，群眾會尊敬他們、給他們面子——所以自然的，每個人都想被尊敬和有面子。想要被尊敬的天生本能因此被利用了。

想要過著舒適輕鬆的生活的慾望被利用了，因為如果你質疑那些信念，你將會一直和你的鄰居、家人、老師、教士、丈夫或妻兒對抗。你的生命會一團亂。沒人想要這樣。

這些是每個人都會有的渴望，因此也很容易被利用。利用你的最好方式就是給你信念——美麗的信念，但它們是表面上的。從來就無法敲響你的心鈴。

「耶穌愛你」——你聽過這些話，但你的心沒因此有任何改變。「祂會來找你，祂會拯救你，祂是你的就世主」——但對你而言，這些只是空虛的話語，但你的生命中持續帶著這些話語。它們多少變成了只是形式；你的宗教變成了形式，就像禮節一樣。

你得和很多人生活在一起──自然的，你必須調整和適應，必須不製造不必要的困擾，不要變成他們懷有敵意的目標。但這不會對你的成長有任何幫助。

相反的，因為一生中聽到的這些話和空虛的信念，你的內心一直懷疑所有宗教都是虛假的。有智慧的人很難不做出這樣的結論：一個信念組成的生命，而你的雙手是空無一物的，你的心是空虛的。沒有任何黃金般的片刻，沒有任何超越過這個世界的經驗。

所以你進行這些例行工作：到教堂如同到扶輪社一樣，沒有任何不同。也許到扶輪社、獅子會或某些社團會比去教堂使你更興奮。去教堂似乎是個負擔，一個必須盡的義務。

記住：「義務」是句髒話。

愛不知道義務，它會做很多事，但它喜歡做那些事──不是因為義務。

當你說出「義務」的那一刻，就表示沒有任何愛。你必須做的原因是因為你得做；群眾的壓力這麼龐大。但那是在侮辱、羞辱和摧毀你內心深處的自尊。

自然的，你過著一個所謂的有宗教性的生活──基督教、印度教、回教──但完全是表面上的，毫不真實。

那個詭計是很明顯的：用信念取代信任。

信任是某個你的內在中成長的。不是強加於你的；不是塑膠花，而是成長中的玫瑰花，會綻放和釋放它的芬芳。信任是生命中最詩意的經驗。但信任要發生的根本條件是你不能背負著信念的重擔。

信念是偽幣；它們看起來像信任，它們可以很容易就欺騙了小孩。一旦你把那些信念當成信任，你就永遠無法再區分——那個區分會是無法橋接的、深不可測的。

如果你愛你的小孩，不要給他們任何信念。幫助他們，讓他們的信任成長。如果你不懂某件事，永遠不要對小孩說謊，因為他們遲早會發現你在說謊——當小孩發現父親、老師或教士騙了他們，那所有信任的可能性將會被摧毀。他無法想像他愛的人——全然去愛的人，因為小孩的愛是全然的⋯⋯

一個天真的小孩，完全依賴你的，而你膽敢欺騙他，對他說些有一天他遲早會發現你根本不知道的事。當他問到神，如果你是一個真誠、誠懇和誠實的父親，你應該說：「我還在尋找，我還沒找到。」給你的小孩一個去尋找的慾望。幫助他持續他的朝聖之旅，告訴他：「你也許會比我更早找到它。那時不要忘記我；幫助我找到它。現在我還不知道。」

你的小孩將永遠不會尊敬你；他永遠不會說你不誠實或說謊。只有當你讓他提問，讓他是天真的，讓他去找尋，那時他才會對你有很大的尊敬。你創造了一個尋找者，不是信徒。

真正的父母不會創造出基督教徒、印度教徒或回教徒。真正的老師不會創造出相信任何事的人，只會創造真誠的尋找者。

我為了一個奇怪的原因放棄了教職——也許沒人因為這樣的原因而放棄教職。

我必須教導商羯羅、布拉德雷和康德的理論——但我不同意這些人說的，於是我對學生說：「我會用半小時仔細的探討商羯羅的哲學，毫無偏見的，保持超然的，剩下的半小時則會說出我的看法，因為我無法教你們某個對我而言會創造信念而不是尋找的東西。我會使你們懷疑——而不是相信或信念。」

學生們很困惑。我盡可能跟每個人一樣的公正的教導商羯羅、拉瑪努金和尼跋迦的哲學。但半小時後，我是個評論家——創造了懷疑和問題，讓學生知道這些哲學並非奠基於任何經驗。學生們因此進退兩難。

他們說：「考試怎麼辦？」

我說：「那是你們的問題。和我無關；我和那些考試無關。我在這兒的功能是教你們。考試是你們的事，和監考人員有關。」

最後他們向副校長報告：「我們感到混亂。對於每個哲學家，他的教導是公正的，但到了評論時間，那都是他的肺腑之言。當他教導時，那來自他的頭腦；當他評論時，那來自他的心。我們的問題是我們處於一個無法確定的狀態：無法回答任何問題，因為我們知道如果我們聽從他的話，那商羯羅會是錯誤的。如果我們回答時說商羯羅是對的，那我們不只背叛了他，也背叛了自己——因為我們覺得整個哲學體系都奠基於信念，而不是經驗。」

副校長對我說：「這是奇怪的教導方式。我們沒聽過⋯⋯」

我說：「那一定是奇怪的——你以前有聽過我嗎？——我在盡最大努力。你應該了解我的處境：我走在剃刀的邊緣。我對每個我要完全摧毀的人都是公正的；我給予他們盡可能多的支持、理由和邏輯。但我無法欺騙學生。」

副校長說：「你最好還是辭職；你不該當教授。這些人來這兒是為了拿學歷，以便成為職員、老師或局長。他們對神或真理沒興趣。」

我辭職了。

如果每個老師和父母都是誠實的，將會有很多基督、佛陀和馬哈維亞，但不會有任何基督教徒、佛教徒或者那教徒。

不需要有任何信徒。

當你可以成為一個基督，何必還當個基督教徒？

成為一個基督教徒的意思是你在避免成為一個基督。你在避開十字架刑和復活。你找到一個廉價的逃脫法——成為基督教徒。你每周日去教堂⋯剩下的六天不會有基督教徒、印度教徒和回教徒的分別——毫無不同，因為只會有周日的基督教徒，而且只有一小時。你可以看出那個不同：如果你是基督，那你可能會被釘在十字架上，但如果你是基督教徒，你最多脖子上會戴一條美麗的黃金十字架項鍊，一個裝飾品。耶穌的身上沒任何裝飾品。

一個單純的洞見⋯如果你攜帶著借來的知識，請扔掉它。而且完全的扔掉它，不是當成擺設——因為那是垃圾。

我想到一個美麗的事件。

有個人去找拉瑪克理虛納，帶了一千枚金幣給他。拉瑪克理虛納說：「我不需要它們，但我也不想使你感到難過，所以我會收下。」他拿了那些金幣——在那個時代是一大筆錢，一千枚金幣。然後他說：「我收下了…它們已經是我的嗎？」

那個人說：「是的，我已經給你了。」

他說：「現在把它們丟進恆河」——恆河就在他們待的廟宇後面流動著。

那個人很驚訝，但現在無法拒絕了。那些不是他的金幣了，他已經給了拉瑪克理虛納。於是他帶了那些金幣到恆河旁…幾乎花了半小時。

拉瑪克理虛納說：「那個人怎麼了？跟那些金幣跳進恆河了嗎？因為太震驚了嗎？——我看到他的表情。去看看怎麼回事，他在做什麼？為什麼還沒回來？」

某個人到了那兒，回來對拉瑪克理虛納說：「那個人一次丟一枚金幣。人們都在圍觀，他一邊丟一邊數「一、二…」漸漸的，圍觀的人越來越多，享受這一幕。」

拉瑪克理虛納去了那兒，抓著那個人說：「你在做什麼？我叫你把金幣丟進恆河。你為什麼還要數？」

那個人說：「只是舊習慣。我一枚又一枚的蒐集了它們，每天都在數：現在我有多少…現在我有多少…這是我的慾望，向你呈現這一千枚金幣。」

拉瑪克理虛納說：「當你在賺錢，數它們是有意義的。但當你要扔掉它們，一枚又一枚的扔掉是愚蠢的。只要一次把它們扔掉！如果這很難接受，你也跳進去吧。」

一個單純的洞見，就像一道閃電。

你的基督教是借來的，你的印度教是借來的，那不是你的經驗——因此，扔掉它。因為它是表面上的，所以扔掉它是很容易的，不用一瞬間就能做到。然後你會感到偌大的自由，一個擴展的意識，敞開的：不同的見解，毫無偏見的看待一切。

和我在一起，你可以盡可能的接近我，而你的知識會越來越少。

如果你是天真的，你會發現存在愛著你。

「耶穌愛你」只是個措辭。「佛陀愛你」也只是個措辭，以便你能了解。

你也許不了解存在愛著你，因為存在似乎是巨大的，你似乎是渺小的，你無法想像存在怎麼會愛著你。耶穌、佛陀或馬哈維亞只是扇小窗：你可以接受陽光和純淨的微風從那些小窗進入，你可以透過它們看到天空。

但當整個天空都可以任你取用，何必還執著任何小窗？而且每扇小窗都代表了許多人，透過小窗不會讓你有太多機會看見所有人。

透過基督教的窗戶，可以看到有一半的人類在閒晃；光是天主教就有七億人。所以不要折磨可憐的耶穌了。

我曾經必須為了某個不重要的原因而停止前往旁遮普邦。你知道旁遮普邦，特別是錫克教徒：他們是有愛心的人，這讓我很為難。他們會來火車站，我得擁抱很多人——擁抱錫克教的領袖就像抱著一頭狼。擁抱是有底線的，但錫克教的領袖沒有任何底線：你也許離開了，但他們會繼續待在那兒。當我感覺到這些人快要弄斷我的肋骨了，我才終於停止前往旁遮普了。他們的愛是如此多。

七億個天主教徒：你得想想可憐的耶穌。你先把他釘上十字架，現在又透過擁抱折磨了他有兩千年之久。

只要走到敞開的天空下。

拋棄那些窗戶，因為每個窗戶都擠滿了人，而且排了很長的隊伍，還有那些階級制度，你幾乎沒什麼機會：也許要幾百世才能擠到窗邊。

何不走到戶外？一旦你不再是基督教徒、印度教徒或回教徒，你走到戶外，首次了解到整個存在都是由被稱為愛的物質構成的。它並不只愛著你；而是它是由被稱為愛的物質構成的。那和你無關；它就只是一股愛的能量，一個愛的現象，一個愛之海。

在這兒，你是接近我的，至少在我面前，你忘掉了你的知識、偏見和信念。你的雙眼突然是清晰的，你可以看見那些東西一直在那兒任你取用，但你是盲目的——因為你的偏見、意見和信念而盲目。

讓我再說一次：是你的信任創造了奇蹟以致於你在我裡面看到基督。

這些只是名字。實相是沒有名字的，所以你想用什麼名字都不會有差別。

你在這兒感受到我的愛和桑雅士的愛。人們從一開始教導你的愛首次成真——不是在教堂感受到、不是來自主教或其它基督教徒，而是在這兒——拋棄各種無意義的東西的人，那些人只是普通人，自然的，他們的存在就是愛。

他們並沒有努力去愛任何人；這兒沒有任何努力。只是當你卸掉信念的重擔，信任產生了，而那對你的存在是很自然的——那個信任擁有愛的芬芳。任何接近你的人都會感到你是很有愛心的存在。你甚至沒意識到你是有愛心的；你甚至沒想過愛，但你的存在變成了愛。

這是我其中一個基本的原則：除非你的存在變成愛，否則所有關於愛的談論都是無意義的。

如果你透過我和我的人發現愛，記住：那不是你在童年成為基督教徒所被教導的。這麼多年來，你因為那個教導錯過了這個愛。如果沒有那些教導，這個愛在很久以前就發生了。那是我們的本性。

每個人都是充滿愛的，如果沒有任何阻礙，愛的泉水會開始不分方向或目的地的流動。

奧修，對師父而言，葛吉夫把師徒之間發生的一切稱為「客觀行為」。他說只有師父可以真的做些事。請評論。

我對生命的態度和葛吉夫是不同的。

我愛葛吉夫，他是歷史上其中一個偉大的師父，但那不是我的方法。

我會解釋他說的話，先談論他的方式，然後是我的。

葛吉夫把行為分成客觀的和主觀的：通常無意識的人的行為是主觀的；警覺的、有意識的、結晶化存在的行為則是客觀的。它們是完全不同的語言和思想體系，所以你必須清楚的了解它們。

你有時候看到某個人，沒有任何原因的感覺討厭這個人，或者很喜歡這個人，但你說不出原因。這都是無意識的、主觀的情感——原因是存在的，但它們藏在你無意識的頭腦中，而你會依照那些原因來行為。

根據葛吉夫的看法，無意識的人並沒有做了任何事；他們幾乎像機器人或機器。他們的無意識頭腦在驅策他們，然後他們照著做；他們無法回答為什麼這麼做。

客觀的行為需要覺知。

葛吉夫的父親死了。他只有九歲。父親把他叫來⋯⋯他是個非常有智慧的小孩。父親說：「我沒有什麼東西可以給你。我是個窮人，沒有任何遺產。但我把一生的經驗濃縮成一句話，這樣你就能記住。你還年輕：也許可以了解或無法了解——但你可以記住；你的智慧足以讓你記得。以後你將能了解，當你了解了，要根據那句話來行為。」

父親給的話語很奇怪也很簡單。他說：「如果有人侮辱你，而你感到憤怒，不要因為憤怒而採取行動，因為那樣你就變成了奴隸。那個人變成你的師父：他侮辱了你，操縱你的憤怒，控制你如何行為。但你還以為是自己的行為——並不是。所以如果有人侮辱你，只要告訴他：「我會想想，二十四小時後，我會回覆你。」這必須成為你對生命中每件事的態度：不要急急忙忙的，用二十四小時來考慮。」

葛吉夫很有智慧。從隔天起，他開始根據那句話來行為。某人侮辱了他——但被他的回覆感到震驚，毫無憤怒，彷彿沒有任何事發生，彷彿你問了他一個理論上的問題：「請給我二十四小時考慮。你可能是對的；那我就不會回來。如果你是錯的，那我會看看是否需要回來回覆你——但二十四小時是絕對需要的。我死去的父親要我這麼做，我必須聽他的。」

人們對這個男孩說的話感到困惑。他會思考二十四小時：大部分的情況，侮辱他的人是對的。所以他會去感謝他們：「你們是對的，我是來向你們道謝的。請記住，無論你們發現我哪裡做錯，請不要猶豫，直接告訴我，無論有多刺耳。」

他變成很傑出的人。年輕時，人們就把他當成聖人。他會說：「你說的一切是錯誤的，但那不值得爭論；那些話不是我需要思考的。我來只是要提醒你：你可以說任何你想說的話，但請讓說出來的話證明你是有智慧的、優秀的。我甚至不用理會那些話，而我只是個孩子。我不想回應。」

有時候他甚至沒出現，人們後來遇到他，問他：「你沒出現。」

他會說：「那是沒意義的。甚至不值得我回來指出你們說的那些話是無意義的。」

葛吉夫後來想到父親的這句話改變了他的一生。他的行為開始變成客觀的：情緒和多愁善感都消失了。因為你無法生氣二十四小時；這些事情是短暫的。大多時候，某人侮辱你，你變得激動和憤怒，然後你做了某件事，之後又感到悔恨：那不值得，你毫無必要的大驚小怪。如果你保持鎮定和冷靜還比較適合；那會顯示出你的整合度、你的強度。但你證明了自己是軟弱的。

葛吉夫把每件事分成客觀的和主觀的。例如，他把所有的現代音樂和繪畫稱為主觀的。他說現代的繪畫就像嘔吐：你主觀的充斥著某些想法，然後你畫了出來。你不在乎誰會看到它、對那些人會有什麼影響、是否對那些人有益。你完全不在乎。你唯一在乎的是如何卸下自己的負擔：你本來感到噁心，現在你如釋重負了。

那就是為什麼你看到很多繪畫，特別是超現代的畫：你無法把它們放在臥室，那會使你發瘋。只要看著它們一段時間，你會感到噁心。因為它們來自某人的嘔吐，所以它們自然會造成噁心的效果。這些是主觀的畫，還有主觀的小說、故事和詩歌。完全不在乎誰會看到這些東西。

客觀的藝術是完全不同的東西。

例如，葛吉夫常說泰姬瑪哈陵是客觀的藝術。在滿月的晚上，如果你靜靜的坐在泰姬瑪哈陵旁邊，欣賞它的美，你會落入深深的平靜中、落入靜心的狀態。整個架構、雕刻和一切所形成的方式是為了在你的內在中創造出超越了解的寧靜。

所以當他說弟子無法做任何事：因為弟子是熟睡的。例如，如果在這兒的你們都是熟睡的，那你們能做什麼？只有清醒的人可以做些事。

師父是清醒的。

我想到一個古代的故事。

某個師父有兩個弟子。他有很多弟子，但有兩個重要的弟子，這兩個弟子為了誰可以成為繼任者而競爭。

在某個炎熱的下午，師父正在打瞌睡，兩個弟子正在按摩他的腳。一個弟子按摩右腳，另一個弟子按摩左腳。然後師父轉了身，右腳跑到左腳上面。按摩左腳的弟子對另一個弟子說：「把你的腳拿開！否則我要拿棍子敲那隻腳，讓它以後都無法用。」

另一個弟子說：「沒人可以碰我的腳——那是我的腳，它想做什麼就做什麼。你以為只有你有棍子嗎？我也有棍子。如果你敲我的腳，我也會敲你的腳。」

他們彼此叫囂打鬧，師父醒了，聽著他們講話。他說：「等等！你們兩個笨蛋，這兩隻腳都是我的！而你們還打算讓我一生都跛著腳。」

但這就是無意識的人如何行為的。

就行為而言，葛吉夫的想法是只有師父可以真的做些事——因為他是清醒的，而你是熟睡的。這是他的見解，就其背景而言是完全正確的。

就我的工作而言，弟子或師父都無法做任何事，因為那不是熟睡或清醒的問題。弟子是熟睡的；他除了做夢之外無法做任何事。師父是清醒的；因此他不能干涉。叫醒你也是干涉你的生活，即使清醒的人也不能這麼做。那是你的生命；他不能侵入。喚醒你、妨礙你做夢或你的睡眠都是一種侵入。

就我的工作而言，師父或弟子都無法做任何事——但事情會發生。雙方都沒做任何事，但事情會發生。師父會持續創造策略，但又不會干涉到每個個體。

例如，我對你說話。剛開始你可能只是聽我講話，然後聽見我的寧靜——先是可以看見的，然後是感覺到無法看見的存在。

這只是個策略。我沒有特別對你做任何事。我只是在這兒，任人取用的，如果剛好你張開眼睛，你醒了，你看到某件事，聽到某個聲音，感覺到某些東西，然後那開始在你的內在中運作：我沒做任何事，你沒做任何事，但某件事開始發生了。

你一定看過並感到納悶：一個女人生了小孩，她的第一個小孩；在這之前她沒有任何經驗，但在晚上，也許有十幾次：嬰兒稍微動了一下，母親就醒了。也許打雷或房子失火都無法喚醒她，但嬰兒：因為某件事：也許是毯子從嬰兒身上掉落，然後她就醒了。似乎對全世界而言，她是昏睡的，除了嬰兒。有一個聯繫——你可以說那是精神感應——一個難以察覺的聯繫，所以嬰兒的每個移動都會立刻傳送給母親的心。

師父和弟子之間也發生了類似的情況。

師父無邊際的存在在那兒，還有弟子——雖然他是熟睡的，但不是無意識的。跌跌撞撞的他終於找到了師父，也許從遙遠的國家一路找來。

雖然有三百個桑雅士來自遙遠的國家，我們不想讓他們過來，因為我們沒有多餘的地方，沒有可以安頓他們的地方。所以世界上的每個中心都在勸說：「不要來，因為現在沒有多的地方，而且要一到兩周後才能見到奧修。」

但仍然有三百個桑雅士來了。我們阻止他們，印度政府也在阻止，美國政府也在阻止，其它國家的政府也在阻止——但他們仍然來了。你很快會發現孟買到處都會是我的桑雅士。你現在看不到他們是因為我不讓他們穿橘紅色的衣服和戴著有我的照片的項鍊。

好幾年來，桑雅士運動必須暗地裡進行著。

他們有些人的內在一定有某部分覺醒了，有些人不只是覺醒了，還可以找到來到這兒的路。現在和我在一起，那個把他們帶到這兒的一小部分將會變得越來越巨大和堅強，越來越被鼓舞，然後事情會開始發生。

葛吉夫是個偉大的做者。他的方式是屬於行為的。我的方法是屬於放鬆的，允許存在做任何適合的事。

信任存在。

存在從未背叛過任何人。

奧修，每當我聽到桑雅士談論他們和你的關係，都是他們愛上了你。對我而言，似乎不是這樣。大多時候，我很懼怕你和你給予的。是我出了什麼問題嗎？我不算桑雅士嗎？

你沒有任何問題。你只是不了解發生的一切。

那些說他們愛上我的人也許只是說說。而你則是真的愛上我，所以才會恐懼。

當你沒有在愛裡面，你可以輕鬆的談論它。你會討論和八卦，不會有任何問題。

但你陷入了麻煩——你陷入了愛，因此你害怕更靠近我。否則你為何不敢更靠近？

愛是火，如果你靠近，你會被火燒掉。

愛會燒毀老舊的、轉變老舊的、為那些老舊的一切帶來死亡，同時誕生新的一切。

你是個桑雅士，但你不是很清楚自己的心。你的心因為愛而悸動著。你的頭部則充滿了恐懼。你在觀察自己的頭部，但沒有察看你的心。忘掉頭部。

我想到一個偉大的蘇菲神秘家，薩瑪德。一個奇怪的故事——也許是真的，也許不是——但它是有意義的。而我不在乎真假。我在乎的是它是否表示了某件事的重要性。這個故事確實象徵了某件美麗的事。

薩瑪德在新德里被殺了……

回教徒有一個咒語；每個回教徒都需要念誦。那個咒語很簡單：只有一個神、一個先知、一個訊息——先知就是穆罕默德，訊息就是可蘭經。這就是那個咒語的意思。

蘇菲徒也會念誦，但只有一半；他們只說：「只有一個神」，然後句號；他們不會念後面的部分。他們不會說只有一個先知和一個神聖的訊息，不會說穆罕默德是唯一的先知，不會說可蘭經是唯一的訊息。

當時的皇帝是回教徒。總教士告訴皇帝：「薩瑪德是異教徒，因為他不會念完整個咒語，他的弟子只會念一半的咒語。那一半的咒語和回教無關，因為說只有一個神……那和回教無關。

真正的回教在第二部分，穆罕默德是唯一的先知，可蘭經是唯一的訊息。這個薩瑪德教導他的弟子說第一部分就夠了，第二部分是不需要的，不需要念誦它。」

薩瑪德被傳喚到皇宮，皇帝問他：「你的咒語是什麼？」

他念了咒語：「只有一個神。」

皇帝說：「你不知道這只有一半嗎？」

他說：「不，這就是全部。其它增加的部分是不需要的。」

皇帝說：「那表示你的頭必須立刻被砍掉，這樣每個人就會知道沒念完整個咒語的後果。」

所以從賈瑪清真寺——從上到下有很多梯階——他的頭被砍掉。在他的頭被砍掉前，薩瑪德對無數圍觀的人、他的弟子和其它人說了段話——這就是故事中重要的地方——他說：「你砍掉的是那一半咒語，你留給我的——我的心——則是我的咒語：『只有一個神』——那是我的心。而『穆罕默德是唯一的先知和可蘭經是唯一的訊息』只是頭部。砍了我的頭——即使沒了頭，我的心仍會念誦那個咒語，因為那個咒語和頭部無關。」

他被砍頭了，有無數人聽見……

頭部從上方的梯階滾下來，而死掉的身體站在最上方的梯階，從身體傳來了聲音：「只有一個神。」

所以我說這可能不是真的，因為要心說話是很難的——特別是頭部已經被砍了！

世界各地有類似的故事，但這個是最有意義的。其它的故事可能是真的——這個故事可能不是真的，但那時候有很多書都提到這件事的發生，而且還有證人聽到。

生命是神祕的。有時候發生的事情在當下可能是無法解釋的。

有一個關於拉納桑加的類似故事，一個偉大的戰士正在殺敵——他殺敵的方式和別人不同。

當戰士在殺敵，他們的一隻手會拿著劍，另一隻手拿著盾。但那不是拉納桑加的作風。他用兩隻劍殺敵，每隻手拿一隻劍，沒有盾。他常常像旋風一樣的衝到敵人的軍隊中，到處砍殺。幾乎不可能看到他或知道他的位置。他只是不斷砍下敵人的頭；一路上掉滿了頭部，他非常快速的砍殺著。

這個故事最後，當他死時……他砍掉很多頭，某個人砍了他的頭，但因為他處於不斷砍殺的衝勢中以致於沒了頭，他仍然繼續砍殺！那似乎是可能的。那個衝勢——也許他不知道自己的頭被砍了。但雙手是如此熟練……

就像是當你騎著腳踏車從山上往下衝：你不需要踩踏板，你可以只是坐著，腳踏車會因為那個衝勢繼續運作。當你從山上往下走，當腳踏車到了地面上，即使你沒踩動踏板，它還會持續走一哩長的路程，只是因為那個衝勢。

也許拉納桑加也有這樣的衝勢，處於某種心境中，如此全然的做他的工作以致於完全沒意識到他的頭被砍了，而他繼續砍殺。這是可能的。這個故事有證人。這些人並非古代的人；

薩瑪德和拉納桑加都是幾百年前的人。

但薩瑪德的故事有某種意義——也許不是真的——那個意義就是頭部有它的運作方式：它總是害怕死亡，它總是害怕愛。這兩者——愛和死亡——是頭部最懼怕的客體。

也許這兩者並非是分開來的；也許它們是同一枚硬幣的兩面。

但心非常想要淹沒在愛裡面，即使那意味著死亡。即使那會冒生命危險，只要能愛，心隨時都準備這麼做。

你陷入愛了。現在只有你的頭部在害怕。其它人，你那些說他們陷入愛的朋友，只是在透過頭部講話；他們並不害怕。

你應該要警覺。如果你想要逃走，就盡快逃走，因為明天可能就無法逃走了。一旦你發現你的心拉著你往愛走，那頭部就無法阻止它了。頭部沒有力量，它只是一個話匣子，持續嘮叨不斷。那是它唯一的功能。

心無法嘮叨，也無法說任何話，但它使奇蹟是可能發生的。

如果你還在這兒，你就無法逃走了。

今晚，只要試著找出你的心在說什麼。你的頭腦是在說——那是個暗示——心正處於愛裡面；否則，頭腦是不會害怕的。

奧修，信任和輕信的差別是什麼？

那個差別是巨大的，但那個分界線卻很難察覺。

輕信的意思是無知。信任是存在中最有智慧的行為。

要記住的跡象是：兩者都會被騙，但輕信的人會感覺被騙，會感到憤怒，開始不信任人。他的輕信遲早會變成不信任。而信任的人也會被欺騙，但他不會感到受傷。他只是同情那些欺騙他的人，他的信任不會因此失去。儘管有這些欺騙，他的信任仍會持續增加。他的信任永遠不會變成對人類的不信任。

這些都是跡象。

剛開始兩者看起來是相同的。但最後，輕信變成了不信任，而信任會變得越來越信任、越同情、越能了解人類的弱點和缺陷。信任是如此珍貴以致於一個人會準備為它失去一切，而不是失去信任。

奧修，在這個世界，在我們人類中怎麼會有如此美麗的奧修？

這不應該是個問題。

應該這樣問：當每個人都有成道的潛力時，怎麼可能只有這麼少的人做到？

就像一個花園裡面有許多玫瑰樹叢，但偶爾才會有個樹叢開出玫瑰花。為什麼？問題是因為玫瑰嗎？還是因為：有這麼多玫瑰樹叢，怎麼可能好幾世紀來只開出一朵玫瑰花？

我們的培育方式出錯了。某個地方出錯了；也許是因為花園被錯誤的人管理著。也許是因為沒有水。也許是因為有權力的人認為世界上不應該有這麼多玫瑰。

我想到我曾經有一個美麗的花園和一個很聰明的園丁。他每年都會因為種出最大朵的玫瑰花而贏得市競賽的第一名。我問他：「你怎麼做到的？——因為不管你做了什麼，其他園丁都能做到；每個園丁都在栽種。我看不出你做了什麼特別的。」

他說：「我不能騙你，但請不要跟任何人講我的秘訣。我是你的僕人。我會告訴你。」他說了那個秘訣。

我說：「這樣是不對的！你不能再參加任何比賽。」

他做的就是不讓樹叢開出太多花——他會剪掉所有花苞，只留下一粒。所以自然的，原本用來提供給許多玫瑰花的養分都只提供給那一朵玫瑰。

我說：「這是謀殺。你為了得獎而殺了無數朵花。」

我一直不知道，因為他常在半夜這麼做，這樣就沒人知道那個秘訣，當你剪掉所有花苞，只留下一粒，那粒花苞自然會得到更多的養分，不成比例的，也將會開出一朵巨大的玫瑰花。

也許這就是我們的生活方式，以致於偶爾才綻放出一個佛陀。也許是因為社會不允許；它一直在剪掉花苞。

所以真正的問題應該是在這麼多人之中，全世界有五十億人，你甚至找不到五個佛陀。

這是丟臉的、醜陋的。似乎有一個防止人類的進化、一個防止意識進化的陰謀在進行著。

我盡一切努力讓這個陰謀和陰謀家們曝光。因為這些是掌權的人，他們想要阻止我的話語傳達給人們。因為如果人們了解到好幾世紀來，他們一直被騙——不只是小事，例如金錢和權力，還有他們的靈魂和意識；為了服務那些既得利益者，他們一直被阻止不去發揮自己成道的潛力——否則全世界將會發生一個巨大的反叛。

我不把它稱為革命，我稱為叛逆。每個個體都必須是叛逆的——不需要結合一群人，不需要產生一個組織。每個個體都可以保護自己不受到陰謀家的傷害，並讓自己的意識成長，而成為一個被祝福的人。

在一個真正的人類世界，情況會剛好相反：幾乎每個人都是有意識的存在。只有少數幾個人落後，還熟睡著；那是比較少見的情況。

佛陀應該是常態，不是例外。我看不出這有任何困難。

奧修，為什麼會怕被師父宣稱已經成道？

很簡單：因為你還沒成道。你得再等等，因為你前面已經排了很多人！

第四十三章
向日葵總是面向太陽

奧修，你以如此多的愛和慈悲向我們合十和問候——謝謝你。我從未提問過——然而我所有的問題都被回覆了。你是否可以指引我們？什麼樣的問題才是弟子應該提出的？

弟子不提問，他只是飲用。

他沒有任何問題，他只是探尋。他沒有發問。他經驗到真理，他瞥見了它，他想要成為它。那個間距是令人難受的。

弟子不是充滿好奇和有無數問題的學生。弟子是寧靜的。不會有任何問題。

你是知道的。你說你從未提問，但你所有的問題都被回覆了。

提出問題不表示你就會得到答案，因為提問的頭腦並不是答案的接收者，也無法是。這是需要了解的：問題來自於頭腦，而答案發生於心。

心從不發問，頭腦永遠都無法被任何答案滿足。給它一個答案，它就會透過那個答案創造出一百個問題。而且只有頭腦會提問。

心不知道任何語言──它知道如何愛、它知道如何變成優雅的和敞開的、它知道如何更接近師父以致於你在師父的寧靜中消失了。

他的寧靜變成了你的寧靜。

他的真理變成了你的真理。

這就是發生在師父和弟子間的奧秘，那永遠不會在老師和學生之間發生。

弟子用了好幾百世學到了一件事：頭腦是製造問題的工廠──放任何東西進去都會產生問題。頭部從未接收到任何答案，那不是它的功能。我們不應該使用超出其能力和極限的機制來提問。

你從不會要求要看到音樂，因為你知道眼睛看不到。你從不會要求要聽到光，因為你知道你的耳朵不是用來這麼做的；它們是你的身體用於某個用途的特定機制。

頭部的功能是去創造問題、懷疑、猜測。就科學研究和客觀的世界而言，那是有幫助的。你不能期待一個有愛心的人成為一個愛因斯坦。要成為愛因斯坦，你需要一個經過訓練的頭部，它可以永遠不斷地發問。

詩人和神祕家知道答案。詩人偶爾會知道答案。神秘家則隨時都知道──無論醒著或睡著，活著或死了──因為那不是某個和他分開來的；他就是答案。

對詩人而言，答案和他是分開來的；那扇窗偶爾才會打開，一陣微風吹了進來，然後一首詩誕生了，一首歌產生了，一支舞發生了。但那扇窗不受詩人的控制──除了偶爾某些片刻，當詩人對存在是敞開的。因此我常對我的人說如果你愛上某個人的詩、音樂、舞蹈、繪畫或雕刻，永遠不要去見那個人，因為你將會非常失望。

但如果你聽到和感受到神秘家的某段話，把那段話忘了，去找他——因為話語一定是錯誤的，而人一定是對的。神秘家的存在會是他的論點和證明。他就是證人。

詩人也看到了某個東西，但是是從遙遠的地方看到的；而且只有幾個片刻，然後就消失了。

當你在高峰待了幾個片刻，然後它消失了，你會掉到比一般人還要低的層次。一般人至少還站在地面上——他沒有上去過，也沒有下來過——但詩人持續的上上下下。

詩人會被發現喝醉了，躺在水溝裡，你無法相信這個人曾經有過那些美麗的片刻，而且擁有用語言表達它們的能力。你會在妓院看到畫家——而這個人談論美，還把它畫了出來，超越物質世界的美，似乎屬於彼岸的美。但這個人？——這個人和他的畫、他的詩、他的音樂、他的舞蹈是完全不相稱的。

詩人也得到來自心的答案，但那是偶然的。不是他能控制的、有時候會發生，有時候不會發生。有時候好幾個月是荒蕪的，有時候過了好幾年，像個沙漠。但詩人無法做什麼。他只是得到存在的恩典。

神秘家並不是得到存在的恩典，他已經和存在合而為一。他每一刻都攜帶著答案，就像他的呼吸或心跳。那不是某個他必須再看到或記得的東西，否則他會忘記。

弟子的意思是找到師父的人，某個遇見神秘家的人。當你越來越接近神秘家，你的問題會開始消失，他的答案會散播到你裡面。有無數個問題，但只有一個答案，那個答案只能透過在深深的愛裡面和師父合而為一才能經驗到。

所以弟子沒有任何特別的問題。弟子沒有任何問題；弟子必須學習放下問題。為了讓問題被放下，我允許你提問。記住，我不是同意你這麼做，那不是我的工作——雖然從外在上看，我似乎在回答你的問題。但我沒有，我在試著把問題從你那兒拿走。我沒有給你答案，因為那是無法給你的——只有問題可以被拿走。

有一天，當你的所有問題都被拿走了，在師父和弟子的合而為一中，唯一的答案就找到了。

你還說我向你合十問候意味著非常的謙虛，你為此感謝。

請不要誤解我。我不是一個謙虛的人。就事物的本質而言，我無法是謙虛的人；只有一個自我主義者可以成為一個謙虛的人。當自我不存在，也就不會有任何謙虛——一個人只是在。

但我們的頭腦像鐘擺一樣的移動，從一邊來到另一邊：不是自大就是謙虛，不是愛就是恨，不是友誼就是敵意。但實相就在中間，在那兒，你不是自我主義者，也不是謙虛的人——你只是沒有任何屬於自我或無自我的特質。

不是因為謙虛使我合十向你問候。

其次，我不是問候你。我是問候在你內在的、超越你的。

我的問候只是一個提醒你的努力，你不是你以為你所是的，你並沒有待在你以為的地方。我向你的內在深處問候——不是你表面上存在的地方，而是你從未去過的中心。我的問候只是提醒：你的內在中攜帶著某個神聖的，某個等待要被達成的。那是粒種子，但它隨時準備要發芽；新的綠葉，準備變成一朵花。我在問候那個你應該成為的——我在問候你的未來。

現在的你只是你的過去。你甚至不是你的當下；你只是所有已經過去的，記憶的集合體。我不是問候它。我是完全反對它的。

我要你深入看著那個新的，那個要來到的，那個未來的——那個還沒來到但隨時準備要來到的。

不要只是感謝我，因為危險在於感謝我的問候會讓你以為這個章節結束了。工作完成了：我問候你了，你也向我道謝了。

不，你只能用一個方式感謝我的問候，就是達成那個神性，那個被問候的對象。沒有別的方式可以表示你對師父的感激和道謝。

奧修，雖然你一直在教導我們享受生命中所有的愉悅，不要過著某種道德觀或被戒律約束的生活，但和你在一起的生活越來越像是和尚的生活——離開生活中的惡習，越來越

簡單和寧靜。這是自然發生的嗎？或者我是在為生活創造新的戒律？

那是自然發生的。不只如此——那就是我的目的。

我要你不壓抑，因為壓抑任何事的人會一生都陷在壓抑的事情中。壓抑是使人發瘋的方式。

我想到有個人被帶去看心理醫生，因為他的家人和朋友累了…他許下了禁慾的誓言，但他一直用迂迴的方式談論性。對這種人而言，最簡單的方式就是譴責性——那是他們生命中唯一的喜悅。他整天都在譴責每件事。心理醫生聽完他說的話後說：「等等，我要畫一張圖，你告訴我那使你想到了什麼。」

他在紙上畫了一條線，那個人閉著眼睛說：「不要這麼做！那是性。沒別的了。」

心理醫師說：「性？那我畫別的東西」…他畫了一個三角形。

那個人用手遮著眼睛說：「你會害死我！你讓我想到這種事…我是個虔誠的和尚，如果我下了地獄，你要負責。你是心理醫生還是心理變態？你似乎有病。我的朋友和家人，那些笨蛋，還帶我來讓你治療！你才需要治療；我可以治療你。」

心理醫生說：「再一張圖就好…」

但在他畫圖之前，窗外有一隻駱駝經過。他說：「忘掉接下來的圖，只要看看外面，有隻駱駝經過——那使你想到什麼？」

那個人撲向心理醫生，用力打他：「你這笨蛋！你會摧毀我的整個信仰。那是性！我從不看駱駝——那是性，醜陋的性——牠們在夢中騷擾我，做醜陋的事，以致於我整晚寧願醒著也不想在夢中看到駱駝在做醜陋的事。當你畫了那條線，就直接進入了最淫穢的部分。」

世界上所有的宗教都抱著良好的意圖，但卻創造了很瘋狂和病態的世界。因為他們不知道頭腦是如何運作的：一旦你壓抑某件事，你就會被它佔據，不管那是什麼。

你在笑那個人，因為那只是直線和三角形，只是幾何圖形，和性完全無關。但你可以試試，你會發現自己也待在同樣的處境。

只要試著不想到三這個數字。發誓說：「我永遠不會想到三。」無論發生任何事，都不會想到三——你已經成了生活中不會有三的人——從這時起，你將會被三折磨著。你會驚訝在任何地方看到的一切：在這之前，你也看過這些東西，但你從未想過它們是三。你會讓一切看起來是三。但你不了解頭腦的運作方式⋯

壓抑會創造著迷。當你壓抑像性這樣的東西，當你壓抑使你感覺愉悅的一切⋯沒人想壓抑痛苦的事。你有聽過誰想壓抑頭痛、心臟病或癌症嗎？奇怪的世界——如果你想要成為一個偉大的聖人，放棄這些東西：「我放棄頭痛，我放棄結核病。」

沒有任何宗教會要求你放棄痛苦的經驗。它們要你放棄使你快樂的一切。

我曾和一個耆那教的和尚在早上散步，我給他看了一朵美麗的玫瑰花，但他不理會。我說：「它是如此美。」他說：「請不要打擾我。」

我說：「打擾你？」

他說：「因為我是個和尚，任何愉悅的事物是不能接受的。」

玫瑰的芬芳確實是令人愉悅的，玫瑰的顏色是令人愉悅的，花瓣的綻放是個奇蹟。但這個人不能看滿月，不能聽美麗的音樂。

回教徒放棄了音樂：你不能在清真寺前跳舞、唱歌或彈奏樂器；會發生印度教和回教之間的暴動。音樂比殺害數百人還糟糕。

你一直被宗教要求壓抑令你愉悅的一切。所以你的頭腦自然會著迷。留給你的只有痛苦和悲慘——你要多少就可以有多少。

你們的宗教真的對你很慈悲：你想要多少痛苦都可以。只要避開令你愉悅的一切，因為避開了愉悅，更多的痛苦被創造了。生命變成一個漫長的、延長的苦惱。

我的方式剛好和所有的宗教相反，雖然我們的意圖是一樣的。他們要你超越愉悅，因為更多喜樂的經驗是勝過愉悅的。如果你陷在裡面，你就永遠無法抵達喜樂、抵達宇宙的寧靜。他們的意圖和我的意圖一樣，但我們的方法剛好完全相反——而它們失敗了。

我要我的人享受一切——只要放棄痛苦、避開痛苦，不需要它們。如果你頭痛，只要吃一顆阿斯匹靈就不痛了——為什麼要受不必要的苦？那顆阿斯匹靈是透過人類的智慧發現的，而人類的智慧是宇宙的智慧的一部分。那不是來自別的地方，那是我們的創造力。何必忍受頭痛、結核病或任何痛苦？

所以根本上來說，放棄痛苦，摧毀痛苦；不要錯過任何享受愉悅的機會。奇蹟會發生⋯⋯那就是發生在你身上的情況。

當你持續享受愉悅，有一天你會對它感到厭煩。能享受多久？即使你娶了一個長得像克麗奧佩托拉或菴婆波利的女人⋯⋯

穆拉納斯魯丁和他的妻子要去看電影。穆拉很不情願⋯⋯就算電影很棒，但妻子坐在旁邊。她是如此令人厭煩以致於你無法享受電影，沒有任何阿斯匹靈會有幫助。醫學失敗了，無法治癒妻子造成的痛苦——直到現在，他們還沒想到任何方法。

⋯⋯所以他很不情願。他想要去看，計畫很久了，但妻子突然說她買了兩張票。他說：「我的天，她使我無法有機會坐在某人的妻子旁邊。」他一直想著這件事，計畫這件事，準備享受，但機會沒了。所以他只得跟妻子去了。

電影很棒，每個人都很享受，除了穆拉納斯魯丁，很嚴肅的坐著，像個聖人，彷彿坐在教堂一樣。

妻子問了他幾次：「你為什麼這麼安靜的坐著？」

他說：「我看不到好看的地方。我知道那個男主角，電影裡的英雄——他是一個下流的傢伙，卻在吻女主角！還好我沒帶來我的槍，否則我會殺了這個傢伙。當眾親別人的妻子！」

妻子說：「你瘋了嗎？這兒是電影院，你卻想要帶槍？此外你錯了！——那個女人不是別人的妻子，那是他的妻子。他們在現實生活中也是夫妻。」

他說：「我的天，那表示他們都得被槍斃！這太過分了——自己的妻子還可以如此喜悅的吻著她？狡猾的傢伙，偽君子。我以為那是別人的妻子；那就還可以接受，但卻是他自己的妻子——我的天，他真的是演員！但我不會這樣就算了。你以為我會拿槍射螢幕嗎？讓我回去拿槍去找他們——我知道他們住哪兒——我會射殺他們，因為他們在社會上散播謊言。」

你一定會對每件事感到厭煩。

享受所有的愉悅，它們很快就不再吸引你。漸漸的，你會開始超越它們，尋找生命中更有意義的事。

你的宗教使你無法尋找生命中更有意義的事，因為它們要你壓抑，你因此卡住了。

我的努力就是讓人們接觸生命中所有的愉悅。

我的計算是每七年，生命會完成一個周期，然後改變。第一個七年是童年，天真、玩樂、信任。生命是黃金般的：那些日子的記憶會跟著你直到死亡，因為他們的生命中無法再找到更美好的事物。

第二個七年是性能量的成熟。到了十四歲，一個人的性徵會是成熟的——頭腦和身體開始以完全不同的方式運作；十四歲是人的生物年齡：他可以生小孩了。就生物學而言，人已經成年了。

那就是人類的心理年齡停留在十四歲的原因：因為生物學對你的心理發展不感興趣，除非你自己感興趣。自然已經完成了它的目的，你已經到了繁衍後代的年齡；它的工作完成了。現在由你決定，你是否想要成為探尋者，想要在心理上有所成長，想要你的覺知有所成長。如果你想要心靈上的經驗，那接下來由你進行。自然完成它的工作了。因為自然停止了，所以百分之九十九點九的人也跟著停止了。他們沒有再進化，是自然的推力使他們來到了十四歲。

從十四歲到二十一歲，人擁有最高峰的性能力，抵達了頂峰。

自然在十四歲到二十一歲帶來了性的高峰，問題是社會要你在學校念書，直到二十五歲，或者二十七歲，如果你想成為博士的話。但是到了那時，二十一歲後，性慾會開始衰退。在已開發國家中，人會在三十歲左右結婚。這是錯誤的結婚時間——你的能量在衰退。婚姻不會帶來滿足，它會創造一千零一種問題和衝突。

到了二十八歲，你的性能量來到了最低點。在這個年齡之後，你就無法有性高潮，你只能射精——這兩件事是完全不同的。射精就像打噴嚏：你充滿了很多精液，必須扔出身體。因為身體會創造新的精液，而你只能承受一定的容量，必須把它丟出去，但你不會有任何高潮的經驗。

所以你們的經典、僧侶和聖人似乎是對的，你是在不必要的浪費能量。你感到虛弱，隔天感覺到好像宿醉。你感覺這是不必要的，為了這件不必要的事，你得處理很多問題——賺錢養自己和妻兒⋯因為生小孩不需要高潮的經驗。

等到了三十五歲，如果你不是壓抑的，一切就結束了，你會完全對一切感到厭煩。你會逐漸離開那些慾望、渴望和野心。

四十二歲則可以…它跟十四歲一樣重要。生理的、心理的和生物學上的愉悅在十四歲開始，如果沒人干涉，而你可以經驗過它們，到了四十二歲，你會脫離這一切的束縛。那不表示你可以逃離世界。而是你的妻子會變成你的朋友，妳的丈夫會變成妳的朋友。你們會了解過去是因為某種生物學的力量，現在已經沒了，不需要再騷擾彼此了。和騷擾彼此相比，現在更適合坐下來靜心了。

我說的是：如果一切都自然的進行，那到了四十二歲，你的生命會自然發生一個很大的改變。你處於世界，但不依戀它。這才是真正的棄世——沒有任何執著和壓抑。心是完全乾淨的，沒有任何垃圾。

但如果你是有智慧的，而且你活在一個明智的社會，那就不用等到四十二歲——因為自然的腳步是緩慢的。但我們強迫男人和女人分開生活…如果在十四歲，我們允許男孩和女孩接近彼此，把生育控制的方法教給他們，允許他們享受…那會是他們最能享受的時候，因為他們擁有需要的能量。其它的享受都和性有關。如果你的性沒有被滿足，那其它的一切都會變成干擾。

例如，如果某個人的性沒有被滿足，他可能會開始吃很多東西。眾所皆知，女人在婚後會變胖。而不是婚前…奇怪。一旦結了婚就沒問題了；有了陪伴一生的僕人。現在可以休息和大吃了，然後她們會變胖。當她們越來越胖，丈夫就越來越注意其它的女人。當丈夫越來越注意其它的女人，她們就越吃越多——因為吃是一種替代品；它們是息息相關的。生命透過性開始，透過食物而存活，所以就維持生命的存在而言，性和食物是相關的。

而且奇怪的是——為什麼不會被胖女人或胖男人吸引？一定有一個重要的原因，那個原因就是胖的人表示他用食物替代性。他不再對性感興趣，他關注的是食物。胖的女人表示她對性不感興趣；她的胖是一個告示牌：「保持距離！」——她的目標在冰箱。

如果社會可以明智的安排，讓年輕人有機會盡可能過他們的生活，那就不需要等到四十二歲。也許等到三十歲，他們就準備好了，毫無任何壓抑，準備超越這一切。

只有當你不是壓抑的，你才能超越。

如果你是壓抑的，你就會被拉下來。你壓抑的感受就像個錨：它們持續把你往下拉。你看不到它們，它們不會出現在表面上；它們在水裡面。

但如果你沒有壓抑任何事，你從不理會任何禁止你做任何事的戒律和宗教理論——你只是過一個自然的生活，毫無約束的——等到了三十歲，甚至更早⋯那依你的智慧而定⋯你越有智慧，你就越容易感到厭煩。

這不是棄世；你沒有逃避，你只是受夠了。你沒有逃避愉悅——現在它們不再是愉悅了，沒有逃避的問題。這使你有種輕盈的感覺，使你可以關注彼岸。在俗世中，不再有任何事可以阻礙你。你已經活過它了。

這是我的桑雅士的經驗，特別是在一個有五千人的社區，他們和我在一起待了五年，但他們不知道我想要做什麼。他們來這兒是為了享樂；他們聽說我教導人們全然的、強烈的生活，毫無約束的。年輕人來到這兒，對我的方式一無所知，但在兩到三年內，他們清楚的感覺到某件奇怪的事在發生：他們來這兒是為了享樂；現在那些愉悅不再是愉悅了。

女人先對我說：「這是個奇怪的地方。世界各地都是男人在追求女人。在你的社區，卻是女人得追求男人——而且男人逃得很快！在外面的世界，女人也會逃走，但她們沒有逃得很快。她們不是真的想逃走，那只是個遊戲。她們採用的逃跑方式使她們可以被逮到。但在這兒，男人逃跑的方式使我們無法逮到他們。」

女人的天性使她們不會追求男人；所以她們在做某件不自然的事。她們想要男人追求她們，但沒人追求她們。她們站在那兒，但沒人在看她們。她們持續在那兒談論偉大的事——深奧的、超自然的、心靈的。但妳能在那兒站多久？

最後女人們開始去追求。我建議她們：「不要等；他們不會追求妳們。這兒是完全不同的地方。妳們去追求他們。」

然後她們說：「我們追求了他們。我們以前被追求過，但我們總是讓自己被逮住。但這些傢伙直接逃走了，不會再看到他們，或者不知道他們去哪兒了。他們不會回頭，他們很害怕。」

有一個很古老的故事，已經被無數人說過無數次：當丈夫想要做愛，妻子總會轉到另一邊說：「我頭痛。不要打擾我，去睡覺。」

在社區，女人來找我：「我們從未聽過男人會轉到另一邊說：我頭痛，妳不要打擾我。去睡覺，或去其它地方，但不要打擾我——他們絕對是在說謊。但能怎麼辦？我們也曾經說過謊，但男人會說服我們，然後我們會被說服。但這些男人不知道如何說服我們。他們真的讓自己頭痛！雖然實際上沒有。發生了什麼事？」

我說：「沒有發生任何事。妳們很快也會這樣，但時間會比男人晚點」——因為男人和女人在生理上是不同的。有些事會稍後才發生在女人身上。例如，女人會比男人晚五年才死，那已經可以被當成標準。

靜心是自願的死亡。所以會有五年的間隔：男人會比女人早五年感到厭煩。女人會再嘗試五年，然後了解到一切是無意義的，最好還是靜心。一定會有這五年的間隔，因為那內建在人們的生活模式中。

但這個被全世界當成「性自由社區」的社區是世界上最沒有性慾的地方。男人可以接觸到這麼多女人，女人可以接觸到這麼多男人，舊有的觀念認為「也許和妳在一起的男人是不適合的」、「其它人似乎都像是英雄，而這個和妳在一起的蠢人只是隻老鼠，甚至不算個人」，所以會有個慾望，也許和別人在一起……有件事可以確定：妳不適合這個男人；這個男人也不適合妳。是因為某個地方出錯，某個意外，以致於妳和他在一起。所以雙方都在尋找適合自己的人……

沒人是適合的。

但那需要一點時間——你和幾個女人在一起過，妳和幾個男人在一起過——然後妳了解到這是同樣的遊戲。只是換了面貌和身體，但遊戲是一樣的——一個無聊的遊戲！不只無聊，如果一直開著燈，還會感到噁心。

奇怪的情況：光是性的遊戲就足以證明不是神創造了人，如果這是神創造的，那祂似乎真的是個無賴。應該可以有更好的安排。但現況是這樣——每個人都感到羞愧，以致於在黑暗中進行，不開任何燈。

我喜歡一個美麗的故事：有一對地球的伴侶到了另一個行星，火星。當然，他們遇到了當地人。他們遇到的第一對伴侶邀請他們到家裡。而且很自然的，因為生命是最重要的事：他們都對火星人如何生育感興趣，因為他們對地球上的生育方式感到厭煩；那似乎是很落後的方法——沒有任何改善，毫無智慧的。

他們聊到後來就進入了主題，來自地球的伴侶問：「你們怎麼生小孩的？」

他們說：「很簡單。這在火星是很簡單的事。」

他們說：「我們可以看看嗎？」——他們感到有點不安和害怕，天知道他們接下來會看到什麼，而且納悶自己的要求是否適當。

但火星人伴侶同意了，女方走向冰箱，打開冰箱後拿出兩個罐子。

來自地球的伴侶不了解他們在做什麼。

然後她把那兩個罐子的液體分別倒一些到第三個罐子——一些紅色的液體和一些綠色的液體——然後看著瓶子；「比例正確」⋯她走向冰箱並把罐子放進去，然後說：「九個月後，我們會得到小孩。」

他們說：「我的天，這是如此有智慧⋯如此有靈性！」

輪到地球伴侶了，火星人問：「你們怎麼生小孩？」

他們感到很羞愧：「你們得原諒我們⋯但這是我們生小孩的唯一方式；我們從未看過你們用的這種方法。但沒關係——因為這兒只有我們，沒有其它地球人」——所以他們脫了衣服。

火星人笑了：「你們在做什麼？——要做日光浴嗎？」

他們說：「等等。」

火星人非常好奇的等著：「會發生什麼事？」——女人躺了下來，男人開始仰臥起坐⋯他們說：「這是某種瑜珈嗎？這麼麻煩！男人流著汗，喘著氣，女人躺下來，像死人一樣的閉著眼睛。這是什麼⋯而你們以為這是愉悅的？那什麼是痛苦？」

他們說：「現在，小孩會在女人的肚子裡待九個月。」

火星人說：「我的天，她得用肚子持續九個月攜帶著小孩？然後呢？⋯」

他們說：「還有更麻煩的：小孩得從肚子出來。」

火星人說：「不要在這個星球散播這種醜陋的想法，你們請回去吧。如果某些笨蛋聽到這個想法而開始這麼做，我們所有的安寧和平靜將會被打擾。但我們有點好奇，在你們離開前想問——你們對我們生小孩的方法有什麼感想？」

他們說：「感想？那是我們泡即溶咖啡的方式。」

火星人說：「我的天，而你們的方式是我們泡即溶咖啡的方式，所以沒太大的不同。我們的聖人非常反對即溶咖啡，他們譴責它：「永遠不要泡即溶咖啡。」我們的修士會許下不泡即溶咖啡的誓言，他們會去修道院，永遠不泡即溶咖啡。但奇怪的是，這都是同樣的方法！對即溶咖啡而言，這似乎是適合的，但用來生小孩？等九個月，女人受著苦…這對可憐的女人而言似乎很辛苦。」

你越有智慧，就能擁有越多經驗，然後會更早了解到這不會是生命的意義。這些愉悅——和性有關的或和性無關的——越來越黯淡，最後創造了無聊。

但生命不只是為了創造無聊。一定還有別的。

所以你的問題是恰當的。你沒有走錯方向；它是完全正確的。

如果事情自行改變，平順的，毫無壓抑的，你沒有任何努力，只是了解，沒有任何形式的壓抑，然後你放下了生命中所有的愉悅，那就是完全正確的。因為隨著放下所有的愉悅，你也放下了所有的痛苦——它們是同時存在的。

透過放下了所有的痛苦和愉悅，你首次發現某個屬於喜樂的、祝福的、永恆美麗的、不朽生命的——某個你永遠不會感到無聊的。你越深入它，就越來越對它感興趣，然後它就變得越來越令人喜樂。

據說佛陀說過：「俗世的經驗剛開始是甜美的，但結束時卻是很苦的；非俗世的經驗也許在剛開始是苦的，但結束時總是非常甜美的，而且它們的甜美會持續不斷的越來越強烈。」

奧修，待在你身旁，我感到非常處於中心、寧靜和持續。為什麼會這樣？是因為想要達成某件事的貪婪嗎？或者是因為你的祝福？可否請你解釋？

不是這兩者。如果是想要達成某件事的貪婪，你就不會感到寧靜和喜樂。

也不是因為我的祝福，因為有些人有時候會堅持不要感到好奇，然後在事情進行到一半就離開了，你們都有看到⋯⋯

如果是我控制的，如果是因為我的祝福，那這兒的每個人就都無法離開這兒了。不，是別的東西。

是因為我的存在和你的敞開、接受性、任人取用的。

你有看過向日葵嗎？當太陽升起，它會在早上打開花瓣，面向日出，面向東方。隨著太陽的移動，花朵也會跟著移動。到了晚上，當太陽落下，花朵會朝著西方，不是東方；它跟著太陽走完了整個旅程。隨著太陽落下，花朵再次閉上了花瓣。

這就是師父和弟子的關係——太陽和向日葵。

奧修，除了對自己下工夫外，弟子為師父工作是否有任何重要性？或者它們是相同的？

它們是相同的。

如果你對自己下工夫，那正是師父的工作——因為當你變得越來越寧靜、越來越有吸引力、越來越多芬芳，你就是在散播師父的訊息，沒有任何刻意的努力。

我討厭傳教士。我不要任何人成為傳教士。

傳教士是散播訊息的人，但他沒有對自己下工夫。他對別人說的一切都不是自己的經驗。

我的桑雅士必須先成為他們想要對別人說的。他們的改變會是他們的訊息。他們的生命會是他們的任務。他們不會是傳教士。

奧修，有一個新的學研機構宣稱在散播你的遠見。是否每個弟子也是散播師父的遠見的媒介？

沒錯。我反對任何形式的組織，因為每個組織都證明是真理的敵人、殺死愛的兇手。

我信任每個個體。每個桑雅士，單獨的，都是我的媒介。

每個桑雅士都直接和我有所聯繫。

我和你之間不存在任何組織或教士。你變得越空，就越能接收到我的振動、我的心跳、我的歌聲，你就越能和我和諧一致的跳著舞——那是唯一散播訊息的正確方式。因為訊息不是屬於語言的；而是屬於存在的、經驗的。

我們無法創造教義問答、戒律、十誡、五論——我們做不到。

我只能做一件事：幫你成為空的，這樣你就能盡可能全然的流向我。

過去沒有任何宗教試著用口口相傳的方式來散播它的訊息。它們都仰賴組織和教派。但那些教派和組織都背叛了它們，因為那些教派和組織遲早會投入到既得利益中。然後真正的訊息會被放到一旁。

我要我的訊息一直從個人到個人——純粹的、簡單的、立即的、不須媒介的。

第四十四章
天堂只適合勇敢的人

奧修，我們為什麼會害怕被師父敲擊？當這個情況發生了，只是證明了那是我們需要的，然而還是會有恐懼。懦弱是否是自我主要的一部分？

自我就是懦弱。

懦弱不是自我主要的一部分，它就是整個自我。而且注定會如此，因為自我一直害怕被揭穿：它是空的、非存在性的；它只是個表象，不是實相。每當某件事只是個表象或妄想，那在它的核心中一定會存在著恐懼。

在沙漠，你可以看到遠方的海市蜃樓。那看起來如此真實，一旁的樹木，反映在水面上，但這些都不存在。你可以看到樹木和其倒影；你可以看到水面的波浪和隨著波浪閃爍的反光——但都是遙遠的。當你走近，海市蜃樓會開始消失。沒有任何東西在那兒；那只是沙漠的熱沙反射日光所造成的。透過這個反射，就創造了綠洲的幻象。但只有當你在遠方時，它才會存在；當你走近，它就無法存在。只會看到熱沙，你會看到日光被反射。

用不同的情況來解釋會比較容易了解。

你看到月亮和它的美，你看到它的冷光。但登上月球的第一個太空人很震驚，因為當他們接近月亮，並沒有看到任何光。月亮只是一個平坦的、荒蕪的陸地——沒有綠意和生命——一塊死氣沉沉的岩石。但站在月球上看著地球，他們很震驚：地球散發著美麗的光。

和那個光相比，月球和它的光不算什麼，因為地球是月球的八倍大；它的光的強度是月球的八倍，整個都是銀色的。於是太空人知道這都是假的，雖然他們看到了。但它不存在：奇怪的是：當他們在地球上，看到了月球閃爍的美麗銀光。現在他們在月球上，那只是一塊沒生命的岩石，而地球散發著它的美。他們了解地球，因為一生都住在那兒；從未看到類似的東西。要看到日光的反射，你會需要一段距離。

地球也在發光：當日光照射時，有些會被地球吸收，但大部份的日光會被反射。只有當你離地球很遙遠才能看到反射的光；否則會看不到。

自我是一個不存在的現象——離你有一段距離的人可以感受到它、看到它、被它傷害。你在乎的是他們不應該太接近。每個人都彼此保持一段距離，因為讓人們太靠近表示開啟了你的空性之門。

自我不存在。

你是如此認同自我以致於自我的死亡和消失彷彿是你的死亡。並非如此；相反的，當自我死了，你將知道你的實相，你本質上的存在。

係。

自我主義者會是個懦夫。他不允許任何人有任何形式的接近——友誼、愛，甚至伴侶關係。

希特勒從不讓任何人睡在他的房間。他總是單獨睡覺，從裡面把門鎖上。他從不結婚的原因是如果你結了婚，你得讓女人進入房間——不只房間，還有床。那太接近了、太危險了。他沒有任何朋友。總是盡可能遠離人們；一生中沒有任何人曾經把手放在他的肩膀上過——他不允許如此親近。

那個恐懼是什麼？為什麼如此害怕？那個恐懼就是一旦他允許任何人接近他，那他的偉大——「偉大的希特勒」——將會消失。你將會看到一個很渺小、畸形的生物，沒有任何偉大的地方——都是因為那些海報和宣傳。

一個人越自我，他就得越孤獨。孤獨是悲慘的，但那就是代價。你得為了不存在的自我付出代價，讓它看起來是真實的——代價是你的痛苦、悲慘和煩惱。即使你成功的不讓任何人接近你，你仍然很清楚這只是個肥皂泡泡——一根小針戳下去就消失了。

拿破崙是歷史上其中一個最偉大的自我主義者，但他戰敗了，那個原因是值得審思的。

當他還很小的時候，六個月大，照料他的護士把他留在花園，去屋內找某樣東西，有隻野貓跳到他身上。六個月大的嬰兒⋯那隻貓一定看起來像隻大獅子。事物都是相對上成比例的，對小嬰兒而言，牠是隻大獅子。貓只是在玩耍，但嬰兒很驚恐，那個驚恐的影響是如此深入⋯當他是年輕人時，參加過很多戰爭，是個偉大的軍人，可以和獅子搏鬥——但他怕貓。

當他看到貓，就會失去勇氣；他會突然變成六個月大的嬰兒。

這件事被英國總司令尼爾森知道了；否則尼爾森是無法和拿破崙對抗的。而且這是拿破崙唯一被打敗的戰爭。尼爾森在軍隊前方放了七十隻貓，當拿破崙看到這七十隻貓——一隻對他而言就夠了——他因此精神崩潰。只是對副將說：「你帶領軍隊。我無法參加這場戰爭也無法思考。這些貓會殺了我。」

當然他戰敗了。

說他被尼爾森打敗的歷史學家是錯誤的。不，他是因為心理上的計謀而戰敗。他被貓打敗了，被他的童年打敗了，被他無法控制的恐懼打敗了。

然後他被囚禁在一個小島上，聖赫倫那島。不需要手銬腳鐐，因為那個島很小，而且無法逃走。

第一天，他去散步，因為精神崩潰和戰敗，有一個醫生在照料他。那個醫生陪著他。他們走在一條小徑上，有個女人從另一個方向扛著一大袋草走過來。那條路很小；必須有一個人讓開。雖然那個醫生是英國人，但他對那個女人咆哮：「站到一邊！妳不知道誰來了嗎？雖然他戰敗了，那無所謂：他是拿破崙。」

但那女人沒受過教育，她從未聽過拿破崙。所以她說：「那又如何？讓他站到一邊！你應該感到羞愧。我是個女人，扛著這一大袋草……卻得站到一旁？」

拿破崙抓了那個醫生的手，站到一旁說：「即使山峰遇到拿破崙也得讓路的時代已經過去了；肥皂泡泡已經不存在了。我得讓路給這個扛著一大袋草的女人。」

因為戰敗使他了解到發生了什麼事：他的一生都在壓抑著那個恐懼。那是個秘密，但現在大家都知道了，恐懼被揭穿了。拿破崙誰也不是。

這就是偉大的自我主義者的狀態。

所以不要認為懦弱是自我的一部分；它就是自我。自我就是懦弱。沒有自我就是無畏的——因為現在無法從你這兒拿走任何東西了；甚至死亡也無法摧毀你內在中的一切。唯一任何人可以摧毀的就是自我。

自我是如此脆弱，總是處於破滅的邊緣，抓著它不放的人的內心總是顫抖著。

拋棄自我就是一個人能有的最偉大的行為。那證明了你的勇氣，證明了人們看到的不只是你的表面，證明了你的內在中有些東西是永恆的、無法摧毀的、不朽的。

自我使你成為懦夫，無我使你成為生命的永恆奧秘的無畏朝聖者。

奧修，當我和你坐在一起，有時候會聽到你說成道是一種死亡，意味著不會再出生。那讓我的朋友嚇壞了，我因此不確定是否想要成道。我問自己：「那你和這個瘋狂的傢伙在一起做什麼？」接下來我只知道對於我的心而言，你是無法抗拒的，那就是我在這兒的原因。這是怎麼回事？

你只聽到了一半真理，一半的真理比完整的謊言還危險。成道是最終的死亡，但這只是一半的真理。也是一個永恆生命的開始。你沒聽到另一半。也許前半段是如此令人震驚以致於你開始考慮，因此錯過另一半。

確實：成道後就不會再出生。但那不表示你會死；而是你將會擁有一個真實的、真正的、宇宙般的生命。

你在這一世有得到什麼以致於這麼害怕失去？——很珍貴的痛苦？除了憂慮、痛苦、煩惱和不斷感覺一切都是無意義的、沒有真的活著、只是走向墳墓之外，你還得到什麼？你的生命只不過是一個緩慢的死亡。

你應該記錄自己得到了什麼以致於會這麼擔心不會再回來。也許有些敵人——你還沒報仇，你想要回來。

我聽說有一個人快死了。他把四個兒子叫來：「我親愛的兒子，我快死了，希望你們可以實現我最後的願望。答應我⋯」但沒人舉手。他們彼此相望。老人說：「現在不是考慮的時候。我的呼吸快結束了。勇敢點。」

最年輕的兒子舉了手說：「我會實現你的願望。」

第三年輕的兒子說：「你在做什麼？你瘋了嗎？你太年輕了。你不了解他。」

但老人祝福了那個年輕的男孩：「我一直知道你是我真正的兒子，我的血脈，我的骨肉，我的一切。其它三個笨蛋⋯他們甚至無法答應為垂死的父親做到這麼簡單的一件事；他們甚至沒問是什麼事。」

年輕的兒子說：「你忘了他們。只要告訴我要做什麼。」

他說：「很簡單，但我得靠近你的耳朵說。不該讓這三個笨蛋聽到；否則他們會打擾你。但不要理會任何人。只要對垂死的父親遵守你的諾言。」

男孩說：「我答應你。告訴我吧。」

於是他在男孩耳邊說：「做一件事：在我死後，把我的手腳、頭和身體砍斷，盡可能砍成碎片。」

男孩說：「你說什麼？為什麼？」

他說：「我的計畫是——把每個碎片放到鄰居家裡，然後去警察局。」

男孩說：「這樣做的目的是什麼？」

他說：「只是讓我可以安息⋯⋯我這一生都試著要把這些鄰居送進監牢。現在機會來了。當我的靈魂看到他們被銬起來，坐著警車去警察局，我將會感到喜樂。我的一生一直是痛苦的。我的喜樂將會成為你的喜樂。」然後老人死了。

男孩說：「我的天，這是什麼樣的父親⋯⋯？」

其它三個兒子說：「我們告訴過你，不要理他。他是你能遇到的最糟糕的人。雖然他是我們的父親⋯⋯但那是個意外，我們能怎麼辦？他說了什麼？他一定說了某件很糟糕的事。」

年輕的男孩說：「糟糕，我無法想像有誰臨死前會想要⋯⋯他對這些鄰居感到困擾。他的計畫是：：我們得把他的身體切成很多部分，把它們放到每個人家裡，然後通知警察局，說這些人殺了我們的父親——不只殺掉，還把他砍成碎片——讓他們人贓俱獲。他說他的靈魂會因為這件事的成功而感到很喜樂！」

你錯過了什麼？你為什麼想再出生？這一生還不夠悲慘嗎？

我知道人為什麼會想一再的出生，那是簡單的算術：這次和一個男人或女人在一起，然後感到厭煩。但又看到這麼多美麗的男人或女人，他們似乎是脫俗的，而自己卻被這個醜陋噁心的傢伙纏住了。但這一世已經很難擺脫這個傢伙了；下一世還有機會。

記住一句諺語：柵欄外的草總是比較綠。鄰居們看起來似乎過著很美麗喜樂的生活；只有你在地獄中。

所以也許下次，事情會不同。在這個巨大的世界，五十億人——原諒我，不是數百萬，而是數十億——五十億人：：遇到同一個妻子、丈夫、糟糕的小孩或鄰居的機會很小。改變的機會非常大：：為此，需要再來一次。你得不斷的出生。

但回顧過去，只要大概看一下。你已經來了無數次，每次都希望事情有所不同。但沒有任何事改變。不同的丈夫、妻子、小孩，但狀況都一樣。只是不同的模子，但同一間公司製造的，引擎內的機制是一樣的。只是引擎長得不同。

你每一世都忘記自己已經活過很多次了。是時候了解自己一直待在惡性循環中。你得離開那個循環。

只要在這個循環中、這個馬戲團中，沒人會是快樂的。

沒錯，人們去俱樂部、電影院、海灘，嬉笑著…但那不是他們真正的面貌；那只是用來繼續欺騙每個人的面具。你是很清楚的。

丈夫和妻子在爭吵，某人敲了門，他們馬上開始了美麗的、很美好的對話。客人被迎接了，他無法相信就在前一刻，這兩個傢伙還在互掐彼此的脖子。他們只是在等你離開，然後就能繼續之前中斷的部分——情況會更嚴重。

有個人曾向神祈禱：「我一定是世界上最悲慘的人，我一生都在祈禱。而我要的不多——只想要和任何人交換我的悲慘，因為每個人似乎都很快樂。我願意，由祢決定。」

當晚他做了一個夢。聽到一個雷般的聲音從天空傳來：「每個人把自己的痛苦放到一個袋子，並趕到寺廟。」

他心想也許他的祈禱被聽到了。

於是他把所有痛苦放進袋子。然後他在路上看到…「我的天，」他說：「這真奇怪」——因為他的袋子只是很小的一個。其它人都帶著一個很大的袋子；有些人甚至還靠僕人幫忙搬。

他說：「我的天，這是那些美麗的人！我見過他們。現在我知道為什麼神不理會我的祈禱了，但太遲了。如果我可以帶著我的袋子回家，我仍會永遠感激神。」

到了寺廟，他們又聽到聲音：「每個人把袋子掛在牆上。燈光等下會熄滅，然後會有鈴聲響起；那是個提醒——你們可以在黑暗中選擇任何想要的袋子。所以當燈光還亮著，看看四周。站在你想要的袋子旁邊，這樣在黑暗中，你就不會錯過。」

那個祈禱的人只是抓著他的袋子。

但他很驚訝——另一個驚訝，驚訝中的驚訝——每個人都站在自己的袋子旁邊，緊抓著不放。他問了一些人：「你為什麼抓著你的袋子不放？」

他們說：「那你為什麼抓著自己的袋子不放？——理由一樣。至少我們知道這些是什麼樣的痛苦。別人的痛苦是未知的、不熟悉的⋯在這個年紀，還要從頭開始⋯最好還是和自己的老朋友在一起。」

當燈光熄滅後，每個人都抓著自己的袋子跑出寺廟，他們都很高興，對自己仍選擇自己的袋子感到好笑。

那個祈禱的人非常感激：「神真的很慈悲；否則我今天會陷入一團亂。那些大袋子——我的天，那些人藏著什麼樣的悲慘！而且那些人⋯我以為他們是快樂的，以為自己是最悲慘的人，但我的袋子卻是最小的！」

沒人會顯現自己真正的面貌。

你為什麼想再出生？——只是為了有另一副面具？另一種痛苦的袋子？換別的女人折磨你？換別的男人打妳？換別的小孩逼瘋你？你為什麼想回來？可以確定的是不想再重複這一世。

你希望有些改變或改變的可能。

但在這兒，只有袋子長得不同；但內含物是相同的。當我說成道是最終的死亡，你不會再出生：如果你了解你生命中的痛苦、悲慘、無意義和乏味，你會很高興。但這只是其中的一半。

另一半是永恆的生命，無形的。你對它一無所知。

如果你深入靜心，你會對它有個概念。你會發現你不是身體，你不是頭腦。你會發現自己無形的意識——那是你真正的存在，它一直是喜樂的。

可能性是無窮的，如果你可以擺脫從永生以來一直跟隨的生死之輪：一再的做同樣的事，只是有一點點不同——顏色或形狀——但經驗基本上是一樣的。

對一個有智慧的人而言，一世就夠了解到這一切不值得重覆。

當我還是學生時，有個朋友一直沒拿到碩士。他在成為我的朋友前，已經失敗了十次。但他是同一間大學的非常有名的教授的兒子。

他是個怪人：我喜歡他的想法。我說：「你似乎很喜歡這堂課——已經有十次不及格。」

他說：「能怎麼辦？如果我及格了，那就得找工作。我的父親強迫我去上這堂課，但他無法控制結果，因為我一直沒及格。我的母親也在逼我。現在他們都累了；他們認為沒希望了。而我則享受這偌大的自由：沒有憂慮、沒有工作、沒有需要及格的煩惱：因為我不打算及格，除非無論我寫了什麼，學校都決定讓我及格。」

我說：「我喜歡你的想法；那很像人的輪迴。他們不斷的出生到這個世界。除非存在強迫他們成道，否則他們不會成道。你準備要忍受各種批評——每個人都在譴責你，每個教授都在譴責你，每個學生都認為他們從未看過這樣的笨蛋。一個科目念了十年！」

但他說：「誰在乎那些人？我很享受我的生活。」

最後學校終於決定讓他及格：「無論他的出席率是否達標，不重要；無論他考試時是否有寫出答案，不重要。無論他寫了什麼，都是對的——必須讓他及格。他在折磨他的父母。他是他們唯一的兒子。他們已經老了。」

而且他們是很受尊敬的教授——父母兩個都是——但他只是欺騙他們，當個無所事事的人。

最後，他及格了。在我通過考試後，他還多念了兩年，但十二年已經夠了。學校決定無論他在考卷上寫了什麼，他都很了解這門科目；應該放過他了。

你會很驚訝，因為他是被迫及格…所以無法給他第一等；無法給他金牌，他們給了他第三等。但他很快樂。

他後來遇到我。我說：「我聽說你及格了。那真是好消息。」

他說：「是的。我得到第三等。現在我的父母無法因為我沒及格或不夠努力而折磨我。十二年來，我已經做了很多努力——但在印度，誰會把工作給一個得到第三等的畢業生？所以我現在還是自由的。他們成功的說服學校讓我及格，但他們只給了我第三等，但那不重要。

我擺脫學校的束縛了。現在我是完全自由的。」

但這是什麼樣的自由？

他到處酗酒、賭博、嫖妓、吸毒。這是什麼樣的自由？兩年後他死了。他過了一個很糟的生活，被每個人譴責，以自由的名義摧毀了自己。但他做的只是逃避責任。

但每個試著要逃避責任的人都無法經驗到自由。自由和責任是同時存在的。你的生命⋯你從沒思考過，它是空虛的，它多少是噁心的，只是無聊的。那就是為什麼你們需要很多娛樂。

但你能去哪兒？你沒有成長。你沒有接受你基本的責任：創造一個有意義的生命，重要的生命，光明的、發光的生命；喜悅的生命，一個本身是首詩的生命。

這個我談論的永恆的生命是一個永恆創造力的生命。你將不會在身體裡，你將不受限於任何形體，但你的能量會擁有創造力的完全自由，使存在更美麗、更多愛、更有意識、更醒悟的。

那就是原因，雖然你在害怕，但你仍無法抗拒這個瘋狂的傢伙對你的吸引。

那個無法抗拒的吸引表示你的內在是空虛的、無意義的、無價值的。儘管你的頭部在抗拒，你仍走向一個吸引你的心的存在。

如果你是勇敢的，就聽從你的心；如果你是個懦夫，就聽從你的頭部。

但沒有懦夫可以進入天堂。天堂的門只為勇敢的人開啟。

奧修，誰是現代人？科技腐化了現代人嗎？

現代人還沒出現。世界上的人都很過時、很古老。很少遇到一個當代的人。有的人屬於一萬年前建立的宗教，有的人屬於兩千年前建立的宗教——這些人都不是這個時代的人。他們活在現代，但他們並不現代。

而這造成了一個很大的問題：技術和科學的發展需要現代人來用，但現在沒有現代人。技術是有的，科學是有的，但還不存在可以有創意的使用它的人。

這個結果是災難性的，因為對於這些不是這個時代的人而言，科學帶來了危險的機器和設備。就像把劍放到小孩的手上：他將會傷到某人或自己；他不是劍客，他沒受過訓練。人是落後的，技術遠遠的超前了。他不知道怎麼用它，無論他要做什麼，都將會是錯的。

原子能原本可以對人類是個祝福。原本可以移除所有的貧窮。但沒有移除貧窮，沒有使人類的生活更富足，反而摧毀了住在廣島和長崎的單純人們，他們沒有傷害過任何人。

現在，摧毀了廣島和長崎的原子彈就像玩具，因為核武的威力更強大，它們可以摧毀地球七百次。而它們被雷根這樣的人控制著，可以確定雷根不是這個時代的人。

他是基督教的基要教派主義者。那是最糟糕的基督教，他們是最狂熱的人，認為基督教是唯一的宗教，其它的宗教都是錯的，全世界都應該改信基督教。

這不是當代的想法。而是很原始的想法。

一個人不該希望雷根和他那類的人會是當代的人。

他曾養過一隻黑猩猩；那是他唯一的朋友。在數十億人裡面，他無法找到可以當朋友的人⋯⋯黑猩猩。你的夥伴顯示了某些關於你的特質。

當他當選了美國總統的第一天，帶著那隻黑猩猩去海邊散步。有個老人看到，他無法相信自己看到的。他認為這對全國是個羞辱，總統跟一隻黑猩猩在早上去散步。他趕到他們面前，攔住了他們：「總統先生，你認為一個大國的總統跟一隻黑猩猩當朋友看起來適合嗎？」

雷根正要回答時，老人說：「你閉嘴！我沒有問你；我在問總統先生。」他以為那隻黑猩猩是總統——也許他是對的。

有時候，笑話是當真的。

如果雷根生我的氣⋯⋯你無法對跟黑猩猩做朋友的人有任何期待。

現在他控制了如此巨大的摧毀性力量⋯⋯

現代的科技並沒有腐化人。是人還無法正確的使用現代的科技。現代人尚未出生。

我想到了威爾斯，寫下了其中一本最棒的世界歷史。當這本書出版時，有個人採訪他：「你對文明的想法如何？」

威爾斯說：「我的想法？文明是個好想法，但它必須發生。它仍是個想法，需要有人實現它。」

科技並沒有問題。問題在於智力低下的人。

但我們是奇怪的，總是用奇怪的方式來思考。

甘地認為如果在紡車之後發展的所有科技都被扔到海裡，所有的問題就解決了。但這個國家相信他！不只這個國家，世界各地有無數人相信他，認為紡車可以解決所有的問題。

火車和飛機必須停止營運，郵局必須關門，電報和電話必須被摧毀——因為這些東西都是在紡車之後發展的。事實上，沒人知道還有什麼可以留下。電？——不行。醫學？——不行。事實上，一個人會藉此發現紡車是什麼時候發明的。也許牛車可以留下來，火可以留下來……

就這樣：火、牛車、紡車，然後每個人都是聖雄——所有的問題會自動消失。問題不在於技術。

這就是甘地的主張，技術在腐化人。我反對他是因為問題在於智力低下的人，他無法正確的使用技術。技術怎麼會腐化人？

你認為當馬哈維亞回來看到槍，會被槍腐化，然後到處開槍，射這裡和那裡，只因為槍腐化了他？

技術無法腐化任何人。它只是被你控制的工具，無論你想要怎麼用它，你就能那麼用。

醫學認為人可以活三百年：老化可以被避免，疾病可以消失，人可以年輕的、健康的活到三百歲，他們很可能可以做到，但沒有政客有興趣。政客只在乎如何創造出死光。

如果可以創造出死光，你認為創造生命之光會是難以想像的嗎？同樣創造出死光的天才和科學家也可以創造出生命之光。但沒人要求。

他們要死光，很可能在蘇聯和美國都已經發展出死光了。那時就不需要發射載著核子彈的飛彈了；可以直接發射死光，它們會穿過人，殺死他們……不會摧毀任何東西。你的家具、房子、汽車將會沒事——它們只會摧毀生命。奇怪的世界。

如果可以使用死光，房子會繼續矗立，汽車還會在，火車還會在；只有生命會到處都看不到。

技術會腐化人嗎？不，我不同意甘地主義者的想法。

我希望我們可以創造出生命之光，這樣當它穿過村子，全村的人都會變年輕，充滿了精力。

但宗教不會喜歡我的想法，因為連老人也將會戀愛。生命之光？——沒有宗教會準備接受。但死光是完全沒問題的。

穿過梵諦岡的生命之光……教皇將會戀愛，在舞廳跳舞，找女朋友。就我而言，我希望這種情況可以發生。

現代人必須出現。那是我的工作。那就是每個人反對我的原因——因為他們不是這個時代的人。我在和每個人對抗，因為人們是過時的、古老的、沒生命的骷髏……

如果當代的人出現了，所有的技術會是他的僕人。不需要任何人像僕人一樣的運作著；那部分可以交給技術。人將幾乎不需要工作。機器就可以做到，而且比人類更有效率。如果所有的工作都能交給技術和機器，人將能自由的讓他的意識進化。他會有充足的時間去靜心、超越這個生命、進入那個超越的、不朽的。

機器可以施展奇蹟。如果你有心臟病——很多人死於心臟病——現在實務上，把你的心臟換成塑膠心臟是可能的。那不表示你的愛會變成塑膠製的，但心臟會變得很強壯以致於不可能會出錯。人的身體可以用各種可能的方式來改良。整形手術可以使人類想要多美就有多美。

但那些政治笨蛋只在乎如何摧毀。他們不在乎美麗的人類生命、延長人的生命、幫助人類一直是年輕的、有活力的、玩樂的。他們不想要地球變成一個歡樂的、喜悅的、充滿歌聲和舞蹈的地方；他們不想讓人類有足夠的時間演進到存在的新層次。

他們對過時的、老舊的人類很滿意。

所以我再重覆一次：新人類、當代的人類，還沒登場。我們必須宣示他的到來。

奧修，我有很豐富的想像力。有時後閉上眼睛，我會看到自己和你坐在一起，不再有任何問題。然後我感覺到被愛和接受。每當我經驗到這種狀態，都會感到很喜悅。這是真

的嗎？或只是頭腦使我遠離實相的把戲？

如果你可以讓它完全一樣的不斷出現，那就不是想像。那就不是夢，因為你無法重覆同樣的夢。

但如果你只能想像一次，然後就無法再不斷有完全相同的經驗，那它就是夢；一個頭腦的把戲。不要浪費時間在那上面。

這就是夢和實相的差別：實相是那個一直如它所是的。夢是某個發生了一次就消失的。你無法讓它再發生，無法再夢到。每天早上，當你張開雙眼——你的房間會是相同的。每天晚上，當你閉上雙眼——你的夢會是不同的。那個維持不變的，才是真的；那個轉瞬即逝的、改變中的、不受你控制的，則是夢。

不要把時間浪費在作夢。

有天晚上，穆拉納斯魯丁突然用手肘推了妻子說：「快點！我的眼鏡在哪兒？」

妻子說：「你瘋了嗎？在半夜要眼鏡做什麼？」

穆拉納斯魯丁說：「這個時候不要爭論，我們可以晚點再說。先給我眼鏡！」

於是妻子把眼鏡拿給他。他戴上眼鏡後閉上雙眼。

妻子說：「你在做什麼？」

他說：「沒事。我剛作了一個美麗的夢，但因為我的雙眼不像年輕時的雙眼…它老了，所以我看不太清楚；很模糊。從明天起，我要戴眼鏡睡覺，因為永遠無法知道未來會發生什麼事。」

妻子說：「我可以問你夢到什麼嗎？」

他說：「妳最好不要問⋯⋯如此美麗的女人，但因為一個小過失讓她溜走了：我不知道妳把我的眼鏡放在哪兒。我努力試了——戴上眼鏡，對神祈禱：只要再一次——但沒任何事發生。我反而看到⋯⋯最好還是別說了。」

她說：「你看到什麼？說！」

他說：「不要在半夜製造麻煩。我看到了妳！那是我最不想看到的。」

你無法重覆作同樣的夢。它們不是客觀的，你無法分享它們；你無法邀請朋友一起來作夢。

實相是客觀的；內在的實相也是客觀的。

所以你可以檢查。你再試試。如果你可以得到同樣的經驗，那就不用擔心。那不是頭腦的把戲，而是美麗的靜心。帶著我所有的祝福深入它。

關於靜心村

奧修國際靜心村

位置：位於距離印度孟買東南方一百哩外的普那市，奧修國際靜心村是一個與眾不同的假日勝地。靜心村座落在一個樹木林立的高級住宅區內，是一個擁有四十英畝大的壯麗園區。

獨特性：靜心村每年招待來自一百多個國家的數千位遊客。獨特的園區提供機會使每個人可以直接體驗一種全新的生活方式｜帶著更多的覺知、放鬆、慶祝和創造性。全年提供不同的服務項目，以及每日的不同課程選擇。其中一個選擇是什麼事都不做，只要放鬆！

所有課程都是依照奧修對於「左巴 佛陀」的見解｜一種不同品質的新人類，能同時過著創造性的日常生活，及放鬆在寧靜和靜心中。

靜心：每日的靜心行程表，針對每個人提供不同的靜心課程，被動的和主動的，傳統的和革命性的，特別是奧修動態靜心，它是在奧修大禮堂｜全球最大的靜心大廳中進行。

多元大學：針對個人的講習、授課和討論會涵蓋了創造性藝術、整全健康、私人轉變、關係和生活變化、工作靜心、奧秘科學，以及用於運動和娛樂的「禪」的方法。多元大學成功的秘密在於所有課程都和靜心緊密的結合，人們可以了解到人類是整體的，而不是部份的。

芭蕉Spa：舒適的芭蕉Spa讓人們可以在圍繞著蒼翠樹木的露天場所下悠閒地游泳。獨特的風格、寬敞的浴池、桑拿、體育館和網球場…令人驚歎的設計更是提升了它們的美感。

飲食：各種不同的用餐區提供美味的西方、亞洲和印度素食｜為了靜心村，它們大部分是透過有機種植而得。麵包和甜點則是在靜心村內自有的麵包坊進行烘烤而成。

夜晚的生活：多種晚間節目可供選擇｜跳舞是其中的首選！其他活動包括星辰下的滿月靜心、各種表演、音樂演奏和每日靜心。

或者你可以只是在廣場咖啡廳裡享受和人們的聚會，或者在寂靜的夜晚漫步在童話故事般的花園中。

設施：你可以在購物廳購買生活所需的日常用品和化妝品。媒體廳則販賣各種奧修影音產品。還有銀行、旅行服務處和園區網咖。對於那些喜愛購物的人，普那提供了各種選擇，包括從傳統的印度民俗產品到全球知名品牌的商店。

住宿：你可以選擇住在奧修招待所裡的高雅客房，也可以選擇長期住宿的套裝居住行程。此外，附近還有各種不同的飯店和公寓可供選擇。

更多資訊請瀏覽www.osho.com/meditationresort

關於作者

奥修反對分門別類。他的數千種談論涵蓋了一切，包括個人詢問的問題，以及現今社會當務之急所面對的社會和政治議題。奥修的書不是書面文字的，而是根據他對國際聽眾所作的即席演講的影音紀錄所謄寫而成。如他所說：「所以記住：無論我說了什麼，那不只是針對你…我也是為了未來的一代而談。」倫敦周日時報說奥修是「創造二十世紀的一千個人」的其中一位，美國作家湯姆羅賓斯說奥修是「自從耶穌基督之後最危險的人」。印度周日午報說奥修是和｜甘地、尼赫魯、佛陀｜等十個改變印度命運的人。關於他的工作，奥修說他是在幫助創造一個誕生出新人類的環境。他常將這樣的新人類稱為「左巴佛陀」｜可以同時是享受娛樂的希臘左巴和寂靜的喬達摩佛。如同一條聯繫著奥修各種書籍和靜心的線運作著，包含了過去各時代的永恆智慧以及現代（和未來）潛力無窮的科學和技術。奥修為人所知的是他對於內在轉變的科學的革命性貢獻，以及用於現代快速的生活步調的靜心方法。他獨特的奥修動態靜心設計，讓人先釋放出身體和頭腦累積的壓力，以便更容易在日常生活中體驗到寂靜以及無念的放鬆。

關於作者，有兩本自傳作品可以購買：奥修自傳：叛逆的靈魂，〔繁體中文／除大陸外，全球販售〕；金色童年，〔繁體中文／除大陸外，全球販售〕。

奧修・奧義書 / 奧修(Osho)著；李奕廷譯. -- 初版. -- 臺北市：
旗開, 2018.08-
冊；　公分
譯自：Osho Upanishad
ISBN 978-986-96731-0-5(下冊：平裝)

1.印度哲學

137.4　　　　　　107010634

欲了解更多資訊請瀏覽
www.OSHO.com

這是一個綜合性的多語網站，包括雜誌、奧修書籍、奧修演講的影音產品、英語及印度語的奧修圖書館資料文獻，以及關於奧修靜心的各種資訊。您也可以在這兒查詢奧修多元大學的課程表以及奧修國際靜心村的相關資訊。

相關網站：

http://OSHO.com/resort
http://OSHO.com/AllAboutOSHO
http://OSHO.com/shop
http://www.youtube.com/OSHO
http://www.oshobytes.blogspot.com
http://www.Twitter.com/OSHOtimes
http://www.facebook.com/pages/OSHO.International
http://www.flickr.com/photos/oshointernational

您可透過下列方式聯繫奧修國際基金會：

www.osho.com/oshointernational,

oshointernational@ oshointernational.com

奧修・奧義書（下）

原著：Osho Upanishad Vol.3
作者：奧修（OSHO）
譯者：李奕廷（Vivek）
發行：李奕廷
出版：旗開出版社
電話：(02)26323563
網址：www.flag-publishing.com.tw
電子信箱：flag.publish@msa.hinet.net
地址：台北市信義區松德路12號6樓
統編：31855902
匯款訂購：第一銀行007　帳號：158-10-012620 戶名：旗開出版社

經銷：紅螞蟻圖書有限公司
地址：臺北市內湖區舊宗路二段121巷19號
電話：(02)27953656

初版：2018年8月
定價：350元
ISBN 978-986-96731-0-5

Copyright© 1986,2010 OSHO International Foundation. www.osho.com/copyrights. 2018 The Flag Publishing Firm. All rights reserved.
Original English title: ***Osho Upanishad***
This book is a transcript of a series of original talks Osho Upanishad by Osho given to a live audience. All of Osho's talks have been published in full as books, and are also available as original audio recordings. Audio recordings and the complete text archive can be found via the online OSHO Library at www.osho.com

OSHO is a registered trademark of Osho International Foundation, www.osho.com/trademarks

本書之著作權為奧修國際基金會(www.osho.com/copyrights，1986年、2010年)及旗開出版社(2018年)共同擁有，保留所有相關權利。
原文書名：Osho Upanishad。
本書為奧修對聽眾所作的一連串演講 Osho Upanishad。所有奧修演講都有書籍出版和原始錄音檔案。可以透過www.osho.com的線上圖書館找到錄音檔案和完整的文字檔案。
OSHO 是奧修國際基金會的登記商標，www.osho.com/trademarks。